ANCIENNE PROVENCE.

LA

GUEUSE PARFUMÉE,

SOUVENIRS DE VOYAGES.

PARIS.

CHALLAMEL, ÉDITEUR, RUE DE L'ABBAYE, 4.

MDCCCXLIV.

Souvenirs

DE VOYAGES.

LA GUEUSE PARFUMÉE,

PREMIÈRE PARTIE.

LETTRE PREMIÈRE.

Ce   octobre 1845.

La Gueuse parfumée! Tel est le nom que Mme de Sévigné donnait à la Provence, et ceux qui se bornent à voir nos grandes routes peuvent trouver qu'elle était indulgente!

Veuillez croire, ma chère Marguerite, que la faute en est aux ingénieurs. Ils semblent avoir pris à tâche de ne montrer aux voyageurs que les parties les plus arides de nos contrées, tandis que tout auprès se trouvent de vertes vallées et des sites agréables, qui forment un heureux contraste avec les lieux que l'on a vus.

Nous allons parcourir ensemble quelques unes de ces localités. Je serais heureux de vous prouver que la Provence ne le cède à aucune autre contrée de notre belle France; que nos manoirs rappellent d'antiques souvenirs et de gracieuses châtelaines; que l'hospitalité y serait noblement exercée si l'on voulait y avoir plus souvent recours; et, tout en ménageant la partie historique pour ne pas donner une teinte trop sérieuse à des lettres dont le seul but est de vous amuser, j'espère vous convaincre que votre pays vaut bien mieux que l'on ne paraît le croire.

C'est un mérite assez rare pour ne pas être dédaigné.

Vous comprendrez que ceci devient une question d'amour-propre national; ce serait, au besoin, une question d'intérêt personnel.

Je désire, ma bien chère amie, vous soustraire aux travers de la mode, qui établit comme principe que l'on ne saurait vivre autre part qu'à Paris; que partout ailleurs est l'exil! Ce sera vous éviter de cuisantes déceptions par la suite.

A Paris, la vie s'use vite. Il faudrait y toujours demeurer jeune, belle, riche, agréable et coquette; sacrifier ses devoirs au tourbillon qui vous entraîne; user ses sensations sans avoir le temps de se faire des amis.

Les liaisons les plus intimes sont subordonnées à un changement de quartier; le passage des ponts devient un obstacle insurmontable. Peut-on aimer quelqu'un qu'il faut aller chercher aussi loin?

On doit s'attendre, en outre, à se voir délaissée si on devient souffrante, et complètement oubliée quand on a le malheur de vieillir!

Tout subit, à Paris, l'influence de l'or ; nulle part il n'exerce un aussi puissant empire.

La naissance, les talens, le mérite ne sont rien. On ne tient compte que des millions ; seuls ils servent à classer les rangs et à former les catégories.

Aussi chacun veut-il paraître riche ou le devenir à tout prix. Peu importe l'avenir. On accumule les sacrifices ; on imite la grenouille, sans tenir compte de sa morale ; et le plus grand nombre s'éclipse ruiné, pour faire place à d'autres fous qui suivent la même pente et succombent à leur tour.

Jadis, les fortunes étaient bien plus considérables. La loi du partage ne venait pas les détruire à chaque succession nouvelle ; tout était bien moins coûteux ; les mobiliers se transmettaient de génération en génération ; les femmes trouvaient dans leurs trousseaux de superbes étoffes pour les quatre saisons, et une robe de chaque servait aux grands galas. On ignorait ce superflu devenu si nécessaire. On se bornait à faire quelques voyages à Paris, et l'on vivait en grands seigneurs dans sa province. On se connaissait, on s'estimait, on se soutenait réciproquement. Les enfans chérissaient le berceau de leurs pères ; ils y trouvaient leur souvenir et profitaient de leur influence ; ils évitaient le nivellement et la corruption, qui forment de nos jours toute la tactique et toute la puissance d'un gouvernement immoral.

Cela valait-il mieux ? Je le suppose ; mais je ne prétends pas vous contraindre à adopter mes avis. L'expérience vous y ramènera peut-être ; elle ne peut s'acquérir qu'au prix de nombreux mécomptes. Je voudrais vainement vous en éviter une partie. Il est connu que l'exemple des pères ne saurait profiter aux enfans ; pourquoi pourrai-je prétendre me soustraire à la commune loi ? Un excès de tendresse ne saurait être un titre suffisant pour y parvenir.

Je me bornerai donc, ma bien chère enfant, faisant trève à la morale, à vous tracer un itinéraire à travers des pays moins fréquentés, où mon plus vif regret sera de vous conduire en pensée seulement, au lieu de jouir auprès de vous d'une gracieuse réalité.

LETTRE II.

Nous ne faisons pas un cours d'histoire, nous en sommes convenus... Je vous dirai donc seulement, bien chère Marguerite, que les Romains, pendant leur domination, nommaient *Provincia* ce que nous avons appelé depuis Provence, et je vais commencer notre excursion en vous parlant de Marseille.

Six cents ans environ avant J.-C., un jeune Phocéen nommé *Euxême*, conduit par son génie aventureux, fit aborder sa galère dans le golfe où depuis Marseille a pris naissance [1].

Séduit par l'aspect de ce site et par la bonté de cet ancrage à l'abri de tous les vents, il voulut faire connaissance avec le chef de la contrée, et, laissant son navire à la garde de quelques hommes, il partit avec le reste de ses compagnons pour Riez, lieu de sa résidence. Tout était en fête le jour où ils y arrivèrent, *Nann* avait convié les chefs des peuplades voisines à un banquet à la suite duquel sa fille Gyptis devait faire choix d'un époux.

Loin de se voir marchander comme aujourd'hui, c'étaient alors les jeunes filles qui désignaient celui qu'elles avaient jugé digne de leur choix.

Dès qu'une fille était nubile, le père invitait tous ceux qui

[1] Bouche. — Papon. — Méry.

pouvaient prétendre à sa main, à un festin à la suite duquel celle qui en était l'objet entrait dans la salle, tenant entre ses mains un vase contenant un généreux breuvage.

Celui devant lequel elle le déposait était proclamé son époux, et rien ne pouvait mettre obstacle à une union ainsi contractée.

Euxème fut compris au nombre des convives. Il était jeune et beau — ce fut toujours un avantage — son type grec, dans toute sa pureté, que faisaient mieux ressortir encore les teints hâlés par le soleil et les formes plus prononcées des autres habitans; la singularité de sa démarche, l'hommage flatteur qu'il venait rendre au chef sauvage de ce pays, intéressaient en sa faveur.

Gyptis s'approche, elle embrasse d'un prompt regard tous ceux qui sont présens, et parmi lesquels Euxème ne pouvait compter de rivaux.

La jeune fille hésite cependant ! Si ce guerrier avait déjà fait un choix dans sa patrie ; ou si, peu désireux de se soumettre à leurs usages elle allait éprouver un refus; ou bien encore, si cette préférence accordée à un étranger allait devenir un sujet de discorde ?...

Le tour s'accomplit et le vase est encore entre ses mains. Chacun s'étonne et désespère; n'aurait-elle jugé personne digne de son choix, ou voudrait-elle se soustraire à la commune loi ?

Cependant l'amour l'emporte. Gyptis avance encore, elle s'enveloppe de ses blonds cheveux pour cacher sa rougeur et le trouble qu'elle éprouve, et, s'arrêtant devant Euxème, lui présente la coupe dont on lui explique alors l'emblème.

Flatté de cette préférence que la beauté de Gyptis lui rend plus précieuse, et dont sa politique lui fait comprendre tous les avantages, Euxème reçoit encore en don, de la munificence de Nann, la contrée où il a abordé.

Le nouvel époux s'empresse d'annoncer à sa mère-patrie et ses succès et son bonheur. Phocée envoie alors de nombreuses galères portant la vigne, l'olivier, des instrumens d'agriculture et une parcelle du feu sacré entretenu en l'honneur de Diane d'Éphèse, dotant ainsi cette colonie nouvelle des produits précieux qui devaient féconder son sol, et la mettant sous l'égide de sa divinité tutélaire.

La ville prit naissance et fut nommée *Mas Sillia*, demeure des Salliens.

Quelques mots rapides à la suite de cette époque.

Trois cent vingt ans avant l'ère chrétienne, Pithéas part de Marseille pour faire des découvertes ; il franchit le détroit qui sépare les deux mers et remonte ensuite vers le Nord jusqu'en islande, fixe à vingt-quatre heures, par ses savantes combinaisons, la durée du jour sous le solstice, et trace au commerce la marche à suivre pour s'enrichir dans ces contrées glaciales.

Euthimenès, contemporain de Pithéas et jaloux de sa gloire, rivalise de zèle pour le bien de sa patrie et pousse ses découvertes vers les côtes africaines, jusqu'aux bords du Sénégal.

Je dois, pour l'honneur de votre sexe, rendre un éclatant hommage à ces femmes courageuses qui, voyant leurs époux et leurs frères prêts à en venir aux mains à la suite d'une dispute, se précipitent entre les combattans en abaissant les fers de leurs lances prêts à se rougir de leur sang, veulent juger leurs différends, et parviennent à les réconcilier, en leur donnant ainsi la preuve de leur dévoûment et de leur sagesse.

Pour transmettre ce souvenir, elles furent appelées à siéger dans les conseils, et les questions qui pouvaient décider ou la paix ou la guerre étaient soumises à leur seul jugement.

J'ai à vous dire, comment les vieillards, fatigués de la vie, plaidaient en public pour obtenir le droit d'avaler la ciguë mise en réserve pour cet emploi, et qui ne leur était accordée que quand leurs griefs paraissaient suffisans. — Et je finirai cette lettre en

vous racontant l'usage d'emprunter l'argent dont on avait besoin, à la condition de le rendre exactement dans les Champs-
Elysées.

Je connais peu de gens qui se contenteraient aujourd'hui d'une
semblable hypothèque !

Vous courrez moins de risque, ma chère Marguerite, en comp-
tant sur ma vive affection. — C'est la seule chose dont je voudrais
avoir à rendre compte dans l'autre monde !

LETTRE III.

Les Romains apportèrent à Marseille leurs mœurs et leurs coutumes. Les auteurs contemporains nous font connaître le luxe de
leurs ameublemens que nous sommes loin d'égaler encore. Leurs
chambres drapées de pourpre ; leurs lits et leurs meubles en
marbre de Paros ou en ivoire rehaussés d'or massif ; et l'air qu'ils
respiraient embaumé de parfums enivrans.

Leurs salles de festins, où ils offraient à leurs nombreux convives les produits les plus vantés de tous les pays qui recevaient
leurs lois ; leurs lits de repos, plus voluptueux sans doute, mais
bien moins commodes pour manger, selon moi, et les danses et
les chants qui servaient d'intermèdes à ces repas.

Quelle différence avec les festins des premiers Gaulois décrits
par *Pausidonius*, où des bottes de foin servaient de siéges ; où
chacun se saisissant à deux mains d'une partie de l'animal le plus
rapproché de lui, mordait dedans jusqu'à ce que sa faim fût as-
souvie ; où la cuisse de la plus belle pièce de venaison était dévolue

au plus vaillant, et où, s'il y avait doute, un combat à mort fixait sur l'heure le droit des prétendans.

Tels étaient déjà les progrès de la civilisation. Mais bientôt ces mêmes Romains souillèrent leur gloire par les persécutions dont les chrétiens furent l'objet.

A une époque peu éloignée, Lazare, premier évêque de Marseille, subissait le martyre en échange de ses vertus, tandis que sa sœur Marthe faisait des miracles dont je vous parlerai plus tard, quand nous serons à Tarascon, et que Magdelaine, son autre sœur, expiait ses erreurs par des larmes, en étant sûre d'être pardonnée, « parce qu'elle avait beaucoup aimé, » belle et touchante parole qui console les grands pécheurs.

Victor, soldat de la légion thébaine, suivait, en 292, l'exemple de Lazare. Devenu chrétien et condamné à mort pour n'avoir pas voulu l'apostasie, il convertissait ses gardes qui demandaient à mourir avec lui.

Une abbaye édifiée sur l'emplacement du temple païen, dont on voit encore une partie souterraine et quelques bas-reliefs grossièrement sculptés, conserve ses reliques et a reçu son nom. Le pape Urbain V lui a légué sa dépouille mortelle.

L'église de la Major a remplacé le temple de Diane. On y voit quelques fragmens antiques bien conservés, qui servent d'ornement à une chapelle, et l'on se demande comment Marseille n'a pas une autre cathédrale.

J'arrêterai peu vos regards sur le hideux spectacle de la peste de 1720, résultat d'une imprudence, et qui a donné lieu à tant de preuves de dévoûment parmi quelques exemples de rapacité.

Le respectable Belzunce, à la tête de son clergé ; le général de Langeron, commandant les troupes ; le chevalier Roze, montrant l'exemple aux échevins, bravèrent mille morts pour sauver quelques vies.

L'histoire et les arts ont consacré ces souvenirs. L'on montre,

à la Consigne, un bas-relief de Pujet représentant un sujet ana-
logue, et deux tableaux, l'un de Vernet, l'autre de P. Guerin,
qui retracent les épisodes les plus marquans de cette calamité,
qui se propagea ensuite dans toute la Provence et ne cessa, au
bout d'une année, qu'après avoir frappé plus de cent mille victimes.

Tous ne furent pas aussi énergiques que ceux dont je viens de
transcrire les noms ; le courage civique est plus rare que celui
qui consiste à affronter la mort les armes à la main. L'influence
était telle, que les frères fuyaient leurs frères au lieu de les secou-
rir, et que des mères délaissèrent leurs enfans, espérant se soustraire au danger.

Les forçats ne pouvaient suffire à enlever les cadavres, qu'ils
précipitaient par les fenêtres, et dont ils augmentaient bientôt le
nombre. Tout concourait ainsi à aggraver le mal sans que l'on pût
y porter de remède.

Les médecins étrangers appelés au secours de cette malheureuse population se firent payer au poids de l'or ; plusieurs fixè-
rent leur salaire à dix mille francs par mois. Ils ne profitèrent pas
de leur cupidité ; presque tous succombèrent.

Je vous dirai, dans chaque localité, ceux qui ont bien mérité
de la patrie sous l'influence de ce terrible fléau. Je laisserai les
autres dans l'oubli, livrés à leurs remords, et je terminerai ma
lettre pour me livrer ensuite à de moins affligeans récits.

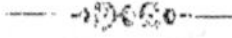

LETTRE IV.

Je ne saurais quitter Marseille sans vous parler de ses environs.

Au milieu de ses innombrables *bastides*, qui font les délices de ses habitans, et dont plusieurs sont si rapprochées que leurs murs d'enceinte couvriraient presque toute leur surface, je citerai le château Borelly, royale habitation dont la vue est admirable et auquel il ne manque que de l'eau et des arbres.

Mont-Redon, où Charles III oubliait l'Espagne et son trône en chassant aux cailles, et le fort de Notre-Dame-de-la-Garde, ainsi décrit dans le voyage de Chapelle et Bachaumont :

> « Gouvernement commode et beau,
> » Où l'on ne voit, pour toute garde,
> » Qu'un Suisse avec sa hallebarde
> » Peint sur la porte du château. »

Le temps a effacé le Suisse ; il n'y reste pas autre chose.

Au pied se trouve la montagne Bonaparte, où l'art a vaincu la nature pour verdir ce site, qui montre, d'un côté, le panorama de la ville ; de l'autre, la rade, le château d'If, Pommègue, Ratonneau et la vaste plaine liquide sillonnée en tous sens, par les innombrables vaisseaux que le commerce met en mouvement.

Marseille ne renferme aucun monument. L'ensemble de la ville est superbe ; ses quartiers neufs ne le cèdent à aucun de ceux que l'on admire à Paris, sauf les boulevarts et la place Louis XV. En revanche, Marseille a son port, qui contient mille vaisseaux ; qui va s'embellir par des quais plus larges et bordés d'arcades, où l'on rencontre à chaque pas les costumes variés de toutes les nations, et principalement les riches vêtemens grecs et ceux des enfans de Mahomet ; et qui, grâce au double courant destiné à renouveler ses eaux, ne répandra plus les odeurs fétides dont ses abords sont infectés.

Un bas-relief de Pujet, sur la façade de l'Hôtel-de-Ville, fait honneur au talent du grand artiste marseillais et sert de preuve à son désintéressement. Ce chef-d'œuvre lui fut payé 1,500 fr. ; il en avait dépensé 1,300 en faux frais.

Un mot encore sur les poissardes de Marseille, qui forment une race à part et offrent un type inimitable — heureusement !

Leur costume, leurs allures et leur langage leur sont propres ; elles ne sauraient parler sans employer des inflexions de voix qui déchirent le tympan ; se jettent réciproquement — si je puis m'exprimer ainsi — leurs paroles dans la bouche ; mettent leur poing sous leur nez au moindre mot, et représentent de véritables Mégères. Les *dames* de Paris sont très civilisées en comparaison.

Combien de fois n'ai-je pas assisté à leurs disputes qui, la plupart du temps, sont le prélude d'un combat. Après ces escarmouches, les champions se redressent, ôtent leurs coiffes par mesure d'ordre, les mettent dans leur poche, et procèdent au pugilat au milieu d'un cercle souvent nombreux. La plus forte ou la plus adroite parvient à placer la tête de son adversaire entre ses jambes et lui administre ensuite, sans le concours du moindre vêtement, une correction jusqu'alors réservée aux écoles primaires.

Ainsi fait, les coiffes reprennent leur place et tout finit jusqu'à nouvel ordre.

Marseille poursuit une entreprise devenue gigantesque par suite de la malveillance et faute d'entente entre ses habitans et ceux de la ville d'Aix. — Le canal destiné à porter, sur ce territoire, les eaux bourbeuses de la Durance, devait suivre un tout autre parcours ; ce canal, dont la prise aurait été établie à Saint-Paul au lieu de se trouver au dessous de Pertuis, aurait eu ainsi beaucoup plus de pente et les travaux d'art eussent été moins compliqués ; mais, la ville d'Aix aurait profité du bénéfice des eaux, en les payant, et la préoccupation marseillaise était, avant tout, d'y mettre obstacle. Un nouveau tracé est demandé, peu importe le chiffre pourvu que l'on parvienne à éviter la ville rivale. Cette ville d'ancien parlement, qui conserve à peine le souvenir de ses grandeurs passées, qui, ainsi que vous le verrez bientôt, n'est plus que l'ombre d'elle-même, offusque encore cependant la morgue marseillaise.

Un jeune ingénieur est mis à l'œuvre ; il enfante, pour son début, des plans que les plus intrépides oseraient à peine rêver. La Durance est saignée plus bas ; les travaux d'art se multiplient et étonnent l'œil par leur immensité autant que par le luxe de leur construction. Pour lui, la terre est sans entrailles et les montagnes semblent s'aplanir. Tantôt les aqueducs de Valbonnette et de Valmouffe, qui passeraient pour des chefs-d'œuvre si celui de Roquefavour ne devait les surpasser cent fois. Ensuite le tunnel pratiqué dans le flanc des Taillades, pour lequel il faudra lutter contre des difficultés que l'on ne pouvait prévoir et qui se multiplient à chaque pas.

Les puits rapprochés pour extraire les déblais du tunnel sur un aussi long parcours, se sont trouvés envahis par des sources abondantes qui ont surgi de toutes parts. — Il ne s'agit pas de savoir si ces eaux ne pourraient pas remplacer d'une manière plus utile celles vaseuses du torrent ; on s'occupe des moyens à prendre pour les épuiser à l'aide de la vapeur, ce qui occasionnera une perte de temps et des frais considérables.

C'est après la montagne des Taillades que se trouvent l'aqueduc et le tunnel de Valmouffe ; le canal circule ensuite dans les bois de Labarben, et vient se présenter plus loin, pour franchir l'Arc, à Roquefavour.

Cet aqueduc monstre, dont j'ai dit un mot ailleurs, doit avoir

plus de quatre-vingts mètres de hauteur au dessus du lit de la
rivière et des fondations proportionnées ; il est des piles sous lesquelles il a fallu creuser jusqu'à vingt-huit mètres pour trouver
le sol solide : il est destiné à supporter, sur une longueur de
sept cent soixante mètres, toute l'eau du canal.

Cette masse gigantesque de pierres, dont l'exécution est un
problème et dont la durée semble impossible, aura à subir les
influences de la température ; il est à craindre aussi que le sol ne
s'affaisse sous une charge ainsi ramassée. Il eût été plus sage de
commencer par ces travaux ! Si l'aqueduc eût réussi, le reste devenait facile, et, au cas d'insuccès, on eût évité bien des dépenses et beaucoup de déceptions !

L'eau devra couler sous la montagne d'Arbois, sous celle de
l'Assassin, et apparaître majestueusement ensuite auprès de
Notre-Dame, pour n'avoir plus qu'à tomber de chute en chute,
en faisant mouvoir des usines et en fertilisant le territoire de
Marseille.

Si l'on avait suivi le premier projet, la pente, beaucoup plus
rapide aurait empêché les boues de s'accumuler dans son parcours. Les récurages auraient, par ce moyen, exigé moins de
chômages et moins de dépenses ; l'on eût fait usage des premiers
travaux des Romains, dont on avait trouvé de nombreuses traces ;
l'Arc eût été franchi à l'aide d'une seule pile à laquelle le roc
aurait servi de base aux rochers de Langesse ; le résultat était
certain, la dépense bien moindre, et la reconnaissance des habitans d'Aix eût été acquise aux Marseillais ; tandis qu'il leur faudrait beaucoup de grandeur d'âme pour ne pas faire des vœux
contre un succès dont le résultat assurerait leur ruine, en leur
ôtant à jamais les chances de toute industrie locale.

Pardonnez-moi cette longue lettre, ma bien chère amie ; je ne
saurais m'absoudre moi-même, sans l'espérance que vous y aurez
trouvé quelque intérêt.

LETTRE V.

Nous laisserons, en sortant de Marseille, la route se traîner péniblement sur des cimes poudreuses, pour suivre les bords du ruisseau qui coule auprès. Les pentes seront ainsi bien moins rapides, et nous côtoyerons à loisir de nombreuses prairies et de jolies campagnes.

La Viste, qui avait servi d'excuse à ce tracé malencontreux, a perdu tout son mérite; des constructions récentes interceptent la belle vue qui montrait jadis, sous un tout autre aspect, la mer jusqu'à l'horizon, la ville entière, et tout son territoire parsemé d'habitations.

Vous retrouverez au surplus ces jouissances en suivant la vallée; les sites seront plus variés et le cadre parfois plus pittoresque.

Vous remarquerez à votre droite le château de Saint-Joseph, berceau de la famille Clary, à qui le sort réservait de hautes destinées.

La reine de Suède y a reçu le jour; et, sur ce trône entouré de frimats, elle a regretté souvent les souvenirs de son enfance et le beau soleil de son pays natal. Ses goûts simples se refusaient à l'éclat d'un diadème; elle en a fui les pompes tant que la chose a été en son pouvoir.

Sa sœur, reine d'Espagne et des Indes, disait, au temps de sa grandeur, que jamais elle n'aurait consenti à son mariage si elle avait pu savoir que Joseph deviendrait roi.

Cette modestie les rendait dignes de leur sort! Plus loin, les Eygalades, bâties par le maréchal de Villars, refuge de Barras après la chute du Directoire, appartenant aujourd'hui au comte

Jules de Castellane, destiné désormais à bien peu y habiter. Plus
haut, Fontaignieux, d'où l'on découvre une vue incomparable,
qui a appartenu long-temps à un peintre gracieux, homme d'esprit, homme du monde.

Si le chemin avait pris cette direction, les murs trop rapprochés auraient disparu, et partout le paysage eût été enchanteur.
Ce quartier est renommé pour les *postes à feu*, qui font les délices des Marseillais.

Ceux qui ont le bonheur de *jouir* d'un poste à feu se lèvent
long-temps avant le jour, gravissent pesamment chargés le mon-
ticule sur lequel il doit être situé pour avoir quelque mérite,
placent en toute hâte les nombreux et bruyans appeaux qu'ils
viennent d'apporter, et se blottissent dans une cabane recouverte
de verdure autour de laquelle se trouvent quelques pins surmontés de branches mortes, et où la première condition est de ne
pouvoir rester debout, et d'avoir à peine la place de se mouvoir.

Il faut, tel froid qu'il fasse, y demeurer sans feu et sans bou-
ger, en regardant sans cesse si quelque grive voyageuse, attirée
par ses compagnes captives, viendra se percher sur un cimeau.

Alors, si la joie du chasseur n'est pas trop bruyante et si son
coup d'œil est juste, le malheureux oiseau deviendra sa victime.
Au moindre bruit il prend son vol ; et il faut en attendre d'autres
en profitant de la leçon.

Ce plaisir, le croiriez-vous, se prolonge pendant plusieurs mois
et dure chaque jour pendant plusieurs heures. Le plus souvent
il faut se passer même de merles à défaut de grives et tirer, pour
l'honneur du poste, sur d'innocens petits oiseaux. N'importe, le
Marseillais rassemble ses appeaux, leur distribue une abondante
nourriture et retourne à ses affaires, vante quand même ses plaisirs de la matinée, et s'empresse de venir le soir coucher à sa bas-
tide pour recommencer le lendemain.

C'est le cas de dire, ma bien chère amie, que chacun prend son plaisir où il le trouve. Je mets cet axiome en pratique en vous embrassant tendrement.

LETTRE VI.

Je voudrais passer sous silence la partie si misérable de la route qui conduit au delà de Septèmes. Ces montagnes sans forme et sans couleur, ces fabriques de soude qui s'entourent de pâles lueurs et de fumées nauséabondes, ces gens nus et noirs qui y travaillent nuit et jour, l'air maladif des habitans et jusqu'aux résidus placés auprès donnent à ce séjour un aspect repoussant.

On s'étonne de voir quelques maisons agglomérées dans un semblable lieu.

Cartaux l'avait mieux approprié à son usage, lors de nos troubles révolutionnaires, en y traçant quelques fortifications; l'image de la mort est la seule qui doive y trouver place.

Je voudrais éloigner Albertas de la route, s'il ne dépendait pas de moi de faire passer la route à une plus grande distance d'Albertas. La poussière qui en résulte et cette intimité avec les voyageurs me sembleraient insupportables si j'étais destiné à l'habiter.

On aurait, au pied du côteau, à droite, une belle avenue, de l'eau, de la vue et des prés qui me sembleraient préférables.

Nous prendrons ensuite la vallée qui conduit directement à l'Arc; vous éviterez ainsi les montées qui se succèdent, et nous remplacerons Luines par la Piolinc, appartenant au duc de Blacas, qui avait su faire, en 1830, un si noble usage des bienfaits qu'il avait précédemment reçus, en consacrant à Charles X ce qu'il tenait du roi son frère.

Une pente douce nous conduira de là à Aix, en laissant à droite Monplaisir et ses frais ombrages ; à gauche, le tubé couronné de pins, demeure d'un de vos amis, qui fait si bon marché de son inquiétude qu'il parvient à la rendre aimable à force d'esprit et de bonne grâce.

Ce tracé va être adopté ; nous n'aurons fait qu'en devancer l'époque.

Aix, ancienne colonie romaine, fut fondée, cent vingt-trois ans avant l'ère chrétienne, par *Sextius Calvinus*. Ce général romain, voulant placer ses troupes à portée de Marseille pour surveiller cette conquête importante, fut séduit par la beauté de ce site, alors couvert d'arbres majestueux, et par la vertu de ses eaux thermales. Le camp fut bientôt changé en ville, et chacun venait y chercher des plaisirs et la santé. Elle fut nommée *aquæ Sextiæ*.

Il ne reste de cette époque que quelques rares vestiges, des traces d'un ancien amphithéâtre recouvert par le sol et quelques mosaïques nouvellement retrouvées.

D'autres fragmens de sculpture, qui ont donné lieu à deux rapports fort intéressans, et qui doivent stimuler le zèle des savans chargés de diriger ces fouilles, semblent plus récens, ainsi que la base de la tour de l'horloge qui faisait partie de l'ancienne enceinte.

Trois tours, que le moyen-âge avait ralliées au palais des comtes de Provence, ont été démolies ensuite. L'une d'elles renfermait trois urnes cinéraires conservées à la bibliothèque. En y joignant un pan des murs de l'église de Saint-Sauveur, construite sur les ruines d'un temple consacré à Apollon, où l'on a retrouvé la statue de ce dieu ; les colonnes qui supportent la coupole honteusement badigeonnée des fonts baptismaux, et quelques restes de tombeaux rassemblés au Musée, vous connaîtrez tout ce qui a été conservé de ces anciens temps. Le cloître de cette église, ses portes qui datent de 1400 et un tableau peint par le roi René, vous feront juger du progrès des arts dans un siècle plus rapproché.

Ce cloître a inspiré plusieurs peintres dont le talent honore notre ville. Granet et Forbin en ont fait le sujet de leurs plus jolis tableaux, et je viens de placer chez votre mère une dernière esquisse d'un jeune artiste, qui aurait eu bien plus de talent s'il avait eu plus de conduite.

Recherchons ensemble quelques faits qui se rattachent à notre ville.

Raymond Béranger, quatrième du nom, y avait fixé sa résidence. Sa cour était brillante, et ses filles en faisaient le principal ornement. Marguerite, l'aînée, venait d'être choisie entre toutes pour épouser le roi Louis IX. Elle était citée à quatorze ans comme une princesse accomplie, et les années développèrent encore toutes ses perfections. Un an après, sa sœur Eléonore devenait la femme de Henri III, roi d'Angleterre. Ce fut à elle qu'un troubadour adressa ces vers galans et bien rimés pour cette époque :

> « Que n'ai-je, comme l'hirondelle,
> » L'heureux don de franchir les airs,
> » Pour, chaque nuit, à tire d'aile,
> » Pouvoir voler aux pieds de celle
> » A qui de loin j'offre ces vers ! »

Sancie devenait plus tard comtesse de Cornouailles et ensuite reine des Romains, et Béatrix épousait, en 1245, Charles d'Anjou, deuxième fils de Blanche et frère de saint Louis. Vous trouverez qu'elles étaient assez bien pourvues. Leur beauté, leur mérite et la renommée de leur père y avaient concouru.

Cent ans plus tard [*], Aix servait de prison à Jeanne d'Anjou,

[*] 1348.

comtesse de Provence et reine de Naples, forcée de quitter cette résidence pour se justifier de l'accusation, assez motivée, relative à l'assassinat d'André de Hongrie, son premier mari, qu'elle avait toujours eu en aversion.

La médiocrité de ce prince et le prompt mariage de Jeanne avec Louis de Tarente, qu'on l'accusait d'aimer et qui passait pour son complice, ne donnaient que trop de fondemens à ce bruit.

Cependant le jugement rendu à Avignon *, où elle eut l'occasion de faire briller son éloquence et toute la séduction de son esprit, devint pour elle un véritable triomphe.

Une autre Marguerite, fille du roi René, devint, à une autre époque, femme de Henri IV, aussi roi d'Angleterre.

Les *Marguerites* fleurissent en Provence; leur nombre ne saurait faire obstacle à leur mérite.

LETTRE VII.

Depuis 1298 la ville d'Aix avait le privilége de frapper des monnaies de billon. En 1320, son dévoûment à Charles II fut récompensé; Aix devint la capitale de la Provence, et le 14 août 1415 eut lieu l'érection de son parlement. Mais, le 10 décembre 1481, Charles d'Anjou, héritier du roi René son oncle, légua, par son testament, la Provence à Louis XI et au Dauphin son fils, à la charge de maintenir toutes ses chartes et tous ses priviléges.

* 1351.

Le serment solennel en fut fait ; la réunion de la Provence à la France fut proclamée par des lettres-patentes du 24 décembre 1486 et par acte authentique du mois de juin 1498. Le maintien des privilèges fut formellement renouvelé.

Je pourrais prouver, au besoin, comment cette parole royale a été remplie récemment, au sujet d'une réclamation qui en était la conséquence, et où le conseil d'Etat a dû commettre une énormité pour se soustraire à l'application que je demandais.

La donation de la Provence ne fut pas un acte purement volontaire. Louis XI, encore dauphin, en avait eu la première pensée lorsqu'il vint rendre hommage à sainte Marthe et à sainte Magdelaine. Sa dévotion servit de masque à ses projets ; sa politique et ses menaces achevèrent son œuvre quand il fut roi.

Palamède de Forbin y concourut dans la pensée d'être utile à son pays. Comblé de biens et d'honneurs en récompense, il apprit plus tard à connaître l'inconstance des rois. Accusé sous Louis XI, il parvint à se justifier ; mais il fut disgracié par Charles sans pouvoir même se faire entendre.

Aix eut à subir la peste en 1502, en 1629, mais surtout en 1720, où, malgré les mesures les plus énergiques, Marseille lui transmit sa contagion. L'émigration fut nombreuse et soudaine ; mais il y eut encore sept mille cinq cent trente-quatre victimes, tant ce fléau fut prompt à se propager. Le parlement fut rendre ses arrêts à Saint-Remy ou dans la ville de Beaux, plus éloignée du passage.

Monseigneur de Ventimille, alors archevêque, le marquis de Clapiers-Vauvenargues et Buisson, consuls, furent sublimes par leur abnégation et par leur dévoûment. La peste ne cessa qu'au bout de onze mois.

Je vous ai dit déjà que la ville d'Aix n'était plus que l'ombre d'elle-même. Il me sera bien plus facile de vous en donner la preuve que de vous en faire comprendre la raison.

Aix était jadis une ville de plaisirs. La société y était aussi nombreuse que bien choisie, les fêtes brillantes, les femmes jolies et spirituelles, les hommes cherchant à plaire. Je veux croire que tout cela pourrait exister encore, mais je ne saurais quel moyen employer pour le retrouver. Soit par sauvagerie, soit par une dévotion trop exclusive, les femmes restent chez elles, ferment leurs portes, et sans elles point de plaisirs.

Ceci justifierait au besoin l'épithète de *vieux Aix* que vous donniez à notre ville, et que j'ai combattue, sans toutefois pouvoir m'empêcher de la trouver bien appliquée.

Il ne nous reste même plus, depuis nombre d'années, les jeux et les cérémonies de la Fête-Dieu institués par le roi René qui, peintre et musicien, en avait dessiné tous les costumes et composé tous les airs.

Ce souverain, si économe dans son intérieur que 15,000 florins d'alors ou 144,000 francs de notre monnaie suffisaient à toutes ses dépenses, savait être fastueux quand l'occasion se présentait.

Il prétendait ici célébrer le triomphe du christianisme sur l'idolâtrie. C'était en l'honneur de la chevalerie et des dames. Il voulait en faire une fête nationale; il devait y déployer beaucoup de pompe.

La veille de ce grand jour, un pas d'armes avait lieu sur tout le parcours de la procession. C'était un simulacre de tournois à armes courtoises, exécuté par les bâtonniers des diverses compagnies, armés de piques et précédés par des tambourins.

A leur suite venaient quelques divinités de la fable burlesquement accoutrées. La marche était terminée par un grand char garni de torches et contenant Jupiter, Junon, Vénus et sa cour, Cupidon, Bacchus et plusieurs autres. Les trois Parques venaient après. Les portefaix de la ville se transformaient en déesses pour cette circonstance; rien de plus burlesque que leur tenue et leur costume.

Cette promenade nocturne se nommait *le Gué.*

Le prince d'Amour représentait le lendemain la Noblesse. Cet emploi fut supprimé à cause des dépenses que cet honneur occasionnait ; on lui avait substitué un lieutenant de prince.

Le roi de la Bazoche représentait la Magistrature et le Barreau.

L'Abbé représentait la Ville.

Chacun avait ses pages ou suivans, ses bâtonniers et sa musique. Pendant la matinée les Jeux parcouraient les divers quartiers, et recevaient de l'argent en échange de leurs danses.

C'était le jeu du Chat, représentant les Juifs adorant le Veau-d'Or.

Les Lépreux.

La reine de Saba allant voir Salomon, ainsi que ses suivantes chargées de présens.

Le grand jeu des Diables, où le roi Hérode était poursuivi par ceux-ci.

La belle Etoile, devant laquelle les rois Mages et leurs pages se livraient aux délices du *Reguigneou*, célèbre par la manière dont il était exécuté.

Les Danseurs, en plusieurs troupes, fort bien vêtus et dansant des rigaudons.

Les petits Diables pourchassant une jeune âme défendue par un ange.

Le Massacre des Innocens, pour lequel il paraît qu'Hérode avait inventé la poudre.

Les Chevaux frisques ou fringans, où huit hommes se placent dans des chevaux de carton — ainsi que vous l'avez vu dans nos folies de Nice — et caracolent à l'envi les uns des autres.

Les Apôtres précédant Jésus portant sa croix, et baffouant Judas muni de sa bourse.

Saint Christophe portant, à dix pieds de terre, Notre-Seigneur encore enfant.

Et *la Mort* agitant sa faux pour rappeler que tout ici-bas doit avoir une même fin.

Tous ces jeux se réunissaient pour ouvrir la marche de la procession. Ensuite venaient l'Abbé, le roi de la Bazoche et le lieutenant de prince, marchant à de longs intervalles pour donner à leurs bâtonniers le temps de faire admirer leur adresse au jeu de la lance et du bâton, auxquels ils s'étaient exercés à l'aide d'habiles professeurs.

Les diverses corporations suivaient avec leurs enseignes déployées ; les nombreux pénitens précédaient le clergé, les autorités et le Saint-Sacrement.

Les parens et amis de chaque *titulaire* se faisaient un plaisir de se joindre au cortége. Ils recevaient un bouquet et des gants en échange de leur courtoisie. Les dames étaient aussi l'objet de semblables hommages.

Le prince d'Amour avait le droit, pendant l'année, de recevoir un baiser et un cadeau de toutes les filles étrangères à la ville qui venaient s'y marier et de toutes celles qui épousaient des étrangers. Cette aubaine était parfois fort agréable.

⬥

LETTRE VIII.

On m'a rapporté une assez sage coutume des anciens temps. Elle aurait dû se continuer de nos jours. On traitait avec son médecin, qui cumulait les fonctions de chirurgien et celles d'apothicaire. Si le malade guérissait, il payait le salaire convenu d'avance ; s'il succombait, l'Esculape en était pour ses soins et pour ses médicamens.

Je doute qu'avec de pareilles conditions les médecins d'aujourd'hui fissent fortune.

L'on montrait à Aix, il y a quelques années, plusieurs cabinets dont les artistes voyageurs se plaisaient à faire l'éloge. Le nombre en est réduit. Le marquis de Lagoy possède cependant encore une belle collection de médailles dont il s'occupe en savant connaisseur. MM. les chanoines Topin et Thanneron ont dans leur galerie quelques grands maîtres, et votre oncle de l'Estang-Parade se fait un plaisir d'offrir aux amateurs une nombreuse réunion de tableaux, dont l'heureux choix fait honneur à son goût éclairé pour la peinture.

La riche bibliothèque conservée à l'Hôtel-de-Ville est un legs du marquis de Méjanes, qui a chargé ses héritiers de pourvoir à son entretien; et, si vous voulez mieux connaître la chronique locale, un érudit de notre ville, M. Roux d'Alpheran, a consacré ses loisirs à fixer les souvenirs dont chaque rue a été le théâtre! Ces articles, publiés par feuilletons, vont être réunis et former un ouvrage curieux et instructif.

Il y a eu de tous temps, en Provence, des gens d'esprit et des hommes supérieurs en tous genres. Je craindrais de commettre quelques oublis en voulant vous les nommer tous, et je me borne à leur offrir en masse un hommage bien mérité.

Mon itinéraire me conduit naturellement à Tholonet, et vous ne sauriez compter assez sur mon abnégation pour supposer que je garderai le silence. D'ailleurs, je l'avoue, c'est encore un des sites que je préfère. Tel est l'empire de la propriété.

Le Tholonet est situé à une lieue de la ville d'Aix. Ses vertes prairies, ses sombres ombrages, l'abondance de ses eaux en font un des sites remarquables de la Provence.

Ses rochers de marbre couronnés de pins et au pied desquels est placée l'habitation, complètent l'effet que je viens de décrire.

Le parc, qui précède le château, forme un heureux contraste
avec l'aridité que l'on déplore généralement dans le Midi, la poussière des grandes routes et la teinte grisâtre des oliviers.

Les masses puissantes de ces montagnes, belles par leur ensemble, riches par leurs nuances, seraient citées en Suisse et
même dans nos Pyrénées.

Tous les itinéraires font mention du Tholonet. L'abbé Delille y
a composé une partie de son poème de l'*Imagination*. Il est peu
de personnes voyageant avec loisir, qui ne consacrent quelques
heures à visiter ce site romantique; il n'est aucun artiste qui ne
vienne s'inspirer devant ces effets grandioses, ces reflets de la
nature sous un ciel aussi pur, et ces ruines romaines, souvenirs
d'un grand peuple écrivant son histoire à l'aide de monumens des-
tinés à survivre à des siècles nombreux.

Il serait à désirer que ces exemples, mieux suivis de nos jours,
nous eussent soustraits au juste reproche de travailler à peine pour
le moment présent, et de n'avoir aucune pensée d'avenir, dans les
édifices que nous construisons cependant à grands frais.

Il vous sera agréable, je l'espère, de trouver ici un récit exact
sur l'origine de ce mur romain qui forme un des vestiges les plus
considérables et les plus pittoresques du département des Bouches-
du-Rhône. Je rectifierai ainsi diverses conjectures plus ou moins
erronées, au nombre desquelles figurent en première ligne les
détails au moins aventureux consignés dans la statistique de ce
département.

Je ne chercherai pas à faire de la science, je serais trop loin d'y
parvenir. Je me bornerai à vous faire connaître le résultat de mes
recherches, laissant à de plus habiles le soin d'en faire usage s'ils
jugent dignes d'eux de s'en occuper.

Ce récit fera le sujet de la lettre suivante. Je ne veux fa-
tiguer ni votre attention ni votre indulgence en prolongeant
celle-ci.

LETTRE IX.

Cent vingt-trois ans avant J.-C., ainsi que je vous l'ai dit, la ville d'Aix fut une colonie romaine sous le nom d'*Aquæ Sextiæ*.

L'abondance et les vertus de ses eaux thermales devinrent la principale cause de son origine et de son rapide accroissement.

Celles-ci ne pouvant servir qu'aux jouissances du luxe ou au soulagement des malades, il fallut pourvoir aux besoins de la population. Les eaux vives et pures de Saint-Antonin durent y suppléer.

Un aqueduc construit à grands frais fut tracé parmi les terrains sinueux et difficiles qui séparaient cette source de la ville d'Aix; et de nombreux vestiges, tantôt souterrains, tantôt au niveau du sol, puis portés sur des arcades, puis appendus aux flancs des rochers, se rencontrent encore sur son passage. Ils sont plus fréquens entre le Tholonet et Saint-Antonin, par la raison que la nature du sol prêtant moins à la culture, la main destructive de l'homme a trouvé moins d'occasions de s'y exercer.

L'obstacle le plus considérable de ce parcours dut être le torrent de Cause, situé au Tholonet et roulant les eaux de pluie des versans au nord de la montagne de Sainte-Victoire; celles du Sambuc, recevant celles de toutes les contrées environnantes et les précipitant, par une large issue qu'il s'était frayée en cet endroit, au travers des masses de rochers.

Il fallait une œuvre gigantesque pour la franchir. Les rocs entassés sur les flancs de la chute servirent de base à un arceau, qui, soutenant l'aqueduc à soixante-dix mètres du fond du torrent, portait à sa cime les eaux qu'il devait conduire, appendait le surplus aux montagnes voisines et, lui traçant ensuite une ligne dé-

Mur des romains au Thelonet

sormais plus facile, continuait sa course sur des terrains où l'on retrouve encore ses traces. Celles qui se voient sur le rocher, un fragment considérable de ce même aqueduc que l'on rencontre plus loin et vers lequel conduit une jolie promenade, et toutes les autres parties qui s'y rattachent, ne sauraient laisser aucun doute à ce sujet.

Quant à la forteresse du moyen-âge, à l'aide de laquelle on a prétendu poétiser les ruines encore apparentes au dessus du château, elle n'a jamais existé que dans la féconde imagination des auteurs de la statistique. — Elle n'aurait eu aucun but. — Elle était impossible vu la localité, et le plus léger examen aurait suffi pour en donner la preuve.

Plus tard, lors de l'invasion des Barbares, l'aqueduc des Romains fut détruit ainsi que la majeure partie de leurs travaux utiles ; l'arceau du Tholonet fut rompu, les eaux cessèrent de couler et le temps acheva le reste.

Les deux pans de muraille ont résisté à cause de leur dimension. On y retrouve ces revêtemens en moellons semillés, véritable type des constructions romaines, et ce ciment inaltérable dont les lumières *en progrès* n'ont pourtant pas encore découvert le secret.

Ces ruines grandioses et pittoresques, les rochers qui les encadrent, les beaux arbres plantés auprès, la chute d'une masse d'eau souvent considérable, dont une partie se précipite à grand bruit, d'une hauteur de quinze mètres, au fond du gouffre où elle se confond avec le surplus lancé en écume par les parties latérales ; le brouillard vaporeux qui en résulte et que le brillant soleil de Provence transforme en prisme aux mille couleurs, forment un ensemble admirable.

C'est là l'entrée de la gorge profonde connue sous le nom de *vallon du Tholonet* ; tout y est marbre ; l'aspect sévère de cette nature est modifié par quelques plantations bien ménagées et par les pins élégans qui couronnent les cimes plus élevées. À gauche, le sentier qui conduit sur les vestiges déjà cités de l'ancien aqueduc; au fond, le barrage qui forme, dans l'endroit le plus pittoresque, la petite mer, en réservant les eaux d'orage pour les temps de sécheresse, et, dont le surplus s'élance en nouvelle cascade; à droite, le vallon Vert qui conduit aux carrières de marbre dernièrement exploitées, dont les nuances, la durée et les dimensions ont été proclamées sans pareilles par les jurys spéciaux chargés d'en faire l'analyse, qui présentent des masses trois fois plus longues que l'obélisque de Luxor et qui sont inépuisables.

Les géologues viennent y admirer encore le bouleversement de ces masses énormes soulevées et superposées lors d'une convulsion de la nature, et, arrêtées dans leur action par la base de Sainte-Victoire.

Ces immenses tableaux compléteront ma description; un album est destiné à réunir les principaux points de vue. Je suis resté bien loin de mon sujet. L'homme peint faiblement les merveilles de la création; il doit se borner à tracer des esquisses.

LETTRE X.

On trouve, à une lieue d'Aix, la route qui conduit directement à Toulon, en traversant les mines de charbon de Fuveau et celles de Gréasque, riches concessions qui ont fait sortir des entrailles de la terre des fortunes considérables, et qui pourraient produire bien plus encore si elles étaient mieux exploitées. Il y a deux ans à peine que l'on a établi une machine à vapeur pour en épuiser

Imp. Lemercier

Château du Tholonet.

Fond du vallon de Thelevet.

les eaux et en extraire les produits; tout jusqu'alors se faisait à
force de bras !

Roquevaires a dû son nom à ses rochers baignés et embellis
par l'Uveaune, et au général romain *Varrus* qui s'y établit le premier. Ce site est charmant; on y voit de jolies promenades et un
pont suspendu, en miniature. Le sol, soutenu par des terrasses,
porte sur la cime des montagnes la fertilité qui résulte de la bonne
culture, et produit ces raisins séchés et transportés au loin. Ensuite Gémenos dont le principal charme est dû à la vallée de Saint-
Pons. L'abondance de ses eaux, les usines qu'elles font mouvoir,
attirent un nombre considérable de visiteurs qui terminent leur
excursion par un pèlerinage à la Sainte-Beaume où l'on parvient
aussi de ce côté. — Vous ne perdrez rien pour attendre, nous y
reviendrons une autre fois, j'ai intérêt à ménager vos jouissances;
et, avant de rendre hommage aux austérités de Magdelaine pé-
nitente, je vous dirai que, depuis Aubagne, les bords de l'Uveaune
sont ornés de charmantes maisons de campagne; je vous parlerai
de cassis, de son vin blanc et de ses carrières de pierre froide,
en vous félicitant de ne pas venir les chercher sur place; je vous
conduirai à La Ciotat, *Citharista*, ancien port fondé par les Marseillais, qui ne servirait plus que pour le cabotage si l'on n'y eût
établi récemment de belles fonderies, et je vous montrerai *l'île
Verte*, fortement défendue, même quand il ne s'y trouve plus rien
à garder. Cette partie du littoral, où l'on parvient d'une manière
assez pénible et très peu satisfaisante par terre, ne saurait nous
retenir plus long-temps. — Nous traverserons Cujes et ses nombreux câpriers; nous dirons bonjour, au Beausset, à d'aimables
et anciens amis qui ont trouvé, dans leur union, des consolations
à des chagrins que j'ai la douleur de savoir apprécier, et nous
nous hâterons d'arriver aux gorges d'Ollioules, appelées *Vaux
d'Ollioules* dans la contrée.

Ce lieu, vous le savez, a reçu le surnom de Thermopyles. Ce

devait être, en effet, dans un site semblable que Léonidas et ses trois cents Lacédémoniens, avaient eu la pensée de lutter contre une armée, et d'immortaliser leurs noms en envoyant les passans raconter à leur patrie, et leurs exploits et le prix auquel ils avaient fait acheter leur défaite.

La chaîne de montagnes se resserre brusquement, laissant à sa gauche le lit du torrent et la place du chemin entaillé parfois dans le roc. Ces montagnes sont à pic dans leur plus grande hauteur ; quelques pins, assez rares en commençant, disparaissent bientôt pour ne plus laisser aucune trace de végétation ; ces rochers aux formes ardues semblent parfois prêts à rouler au fond de ces abîmes et à écraser le voyageur qui les contemple avec effroi. Ces superbes horreurs se prolongent pendant près de deux lieues ; tout d'un coup la vallée s'ouvre et cette nature en deuil est remplacée par la plus belle végétation ; les orangers, les grenadiers en pleine terre, les jardins couverts de fleurs, les oliviers centenaires et un air embaumé, précèdent et entourent la jolie ville d'Ollioules ; après, on voit la mer, la riche vallée qui y conduit, la rade et la ville de Toulon, de nombreuses et riantes habitations, et çà et là quelques élégans palmiers en pleine terre, dont la tige élancée et la couronne de palmes, en rappelant les contrées africaines, servent à prouver la douceur de la température.

Toulon est à la Méditerranée ce que Brest est à l'Océan, seulement sa rade n'est pas soumise à l'action du flux et du reflux, ses vaisseaux sont toujours dans l'eau et ses bassins sont constamment remplis.

Tout Long, telle est l'étymologie de son nom. On n'est pas d'accord sur la date de sa fondation ; mais elle doit être fort antique : les peuples navigateurs qui ont occupé la Gaule n'auraient pas négligé les avantages que leur offraient l'étendue et la sûreté de son port.

Les anciens auteurs parlent du vermillon et des coquilles *murex* que l'on y recueillait pour teindre en pourpre les tuniques des empereurs romains.

L'arsenal, sa corderie, ses chantiers de coustruction, sa salle d'armes, celle des modèles et ses cohortes de galériens occupent tout une partie du port. Le quai se trouve au centre, et, en face de l'arsenal, de vastes magasins, des vaisseaux désarmés servant d'écoles, des ateliers, et enfin la belle machine à mâter qui sépare le port de la rade dans cette partie.

Vous savez que ce fut devant Toulon que Bonaparte se fit d'abord connaître; les débuts de ce météore purent faire croire à un avenir qui devait cependant dépasser toutes les prévisions.

Ce grand conquérant étonnerait encore l'univers si, comme il l'avait si bien jugé lui-même, il eût été le second de sa dynastie. Il lui fallait toujours combattre pour maintenir le prestige de sa puissance. Le monde se réunit pour le réduire; et, une fois vaincu, il devait tomber de chute en chute, malgré les efforts de son génie, qui ne fut jamais plus sublime qu'au temps de ses plus grands revers!

La rade de Toulon est défendue par plusieurs forts tracés par Vauban. Celui de Lamalgue couronne les côteaux qui produisent un vin renommé à juste titre. L'hôpital Saint-Mandrier est plus loin; c'est le but d'une jolie promenade en canot quand la mer n'est pas trop houleuse.

L'on cite, à Toulon, l'hôpital de la marine, la place d'armes, le jardin botanique, où chaque officier se plaît à rapporter des plantes rares recueillies dans ses lointains voyages, et les cariatides de l'Hôtel-de-Ville, portraits de deux consuls dont Pujet avait eu à se plaindre et dont il avait cherché à se venger.

Je ne vous laisserai reposer qu'après avoir visité avec vous le plus beau vaisseau à trois ponts qui sera dans la rade, avoir joui de votre surprise en présence de cette ville flottante, et vous avoir

montré quelques bateaux poussés par la vapeur et partant pour
Alger, où nous irons ensemble une autre fois.

LETTRE XI.

Je me trouvais à Toulon le jour où les reliques de saint Augustin
y étaient annoncées. Saint Augustin avait été évêque d'Hippone,
Bone aujourd'hui. Ses reliques, retrouvées à Pavie par le plus
grand des hasards, n'en étaient pas moins parfaitement authen-
tiques.

Monseigneur Dupuch avait obtenu de rapporter à Bone une parcelle du saint. Il était allé la chercher en grande pompe et avait
convoqué tous les évêques de France pour la recevoir à Toulon, et
l'accompagner en Afrique.

Sept prélats seulement s'étaient rendus à cet appel.

L'heure fixée était deux heures. Le saint avait dû coucher à
Fréjus et se mettre en route de grand matin. Le Champ-de-Mars
était le lieu du rendez-vous, et un autel, placé au centre sur une
estrade, devait servir à bénir les fidèles accourus de toutes parts.
Leur concours était immense. Le clergé de toutes les paroisses
attendait dans les églises ; les rues que devait parcourir le cortége
étaient pavoisées et semées de fleurs ; les évêques avaient revêtu
leurs plus beaux ornemens ; tout était complet, sauf les troupes
destinées à maintenir l'ordre, qui m'avaient semblé trop peu nombreuses. L'heure se passe et rien n'arrive, si ce n'est une pluie
abondante que personne n'était venu chercher et qui ne concourait pas à faire prendre patience.

Ce ne fut qu'à sept heures du soir que l'on vit paraître la voiture portant la relique et les évêques d'Alger et de Fréjus. Les autres évêques s'étaient déshabillés. Une partie du clergé s'était lassée d'attendre avec quelque raison ; les confréries et les femmes avaient seules tenu bon.

Rangée processionnellement, chaque paroisse se faisait distinguer par des couleurs variées. Les femmes portaient des châles verts, bleus, violets et blancs. Les corporations et la musique complétaient le cortége.

Mais la nuit arrivait, mais la pluie augmentait, mais les évêques voyageurs étaient las de leur longue journée, mais les autres monseigneurs brillaient par leur absence ; tout cela devait concourir à un complet désappointement, assez vivement exprimé par une population de marins et de calfats qui avait attendu dans les cabarets les plus proches.

Aussi la rentrée en ville fut-elle terrible. Le nombre peu considérable de troupes ne pouvait suffire à maintenir l'ordre. Les parties resserrées de l'avancée, les ponts-levis, les portes étroites devinrent le théâtre d'une lutte entre la procession et le peuple. Celle-ci, bousculée, devait avoir le dessous : les prêtres cherchèrent un refuge sur les glacis ; les femmes criaient ; les enfans appelaient leur mère. Impossible de retourner et presque aussi impossible d'avancer. Les reliques avaient pu attendre heureusement, et elles furent portées au pas de course dans l'église qui devait les recevoir, lorsque la nuit eut ramené le calme.

Nous avions été volés de six évêques, et en place d'un spectacle religieux nous eûmes une scandaleuse cohue. Le lendemain, les reliques furent transportées à bord du bateau à vapeur préparé pour les conduire à Bone ainsi que leur cortége. Chacun se trouvait à son poste. Les huit évêques suivaient le saint ; les troupes bordaient la haie, et tout fut pour le mieux.

Nous passerons peu de momens à Hyères : les jardins Beaure-

gard et Fille, ainsi que le mur du vieux château, n'en exigent
pas davantage. Vous savez que la douceur de son climat y amène
des malades lorsqu'ils n'ont plus l'espoir de guérir ailleurs. Des
orangers en pleine terre, des cassiers, des grenadiers et des
palmiers ne suffisent pas aux jouissances de la vie ; un air suave
peut soulager certains maux, mais l'ennui est une maladie bien
plus réelle, et la plupart aiment mieux mourir en s'amusant !
Hyères est la patrie du célèbre Massillon.

LETTRE XII.

Nous allons reprendre la route à l'endroit où nous l'avons lais-
sée, et parcourir ensemble le champ de bataille où *Caïus Marius*
joignit les Teutons et les Ambrons et leur livra ce fameux combat
dont la montagne de la Victoire est destinée à transmettre le souvenir.

Les deux armées occupaient toute la vaste plaine que l'on voit
depuis Trest jusqu'à Pourrières et qui s'étend au loin.

Les auteurs se trompent en plaçant les barbares sur la rive
gauche de l'Arc. Marius ayant dû le succès de la bataille au concours de Marcellus, qu'il envoya en embuscade dans un bois situé
auprès de Pourrières pour les prendre à revers lorsque le combat
serait engagé, il ne saurait être douteux que l'armée romaine
se trouvait du côté de Trest et ses ennemis sur la droite de
l'Arc.

Ce stratagème réussit. Marcellus dut aller soit par le vallon de
Saint-Antonin, soit par celui de Vauvenargues. Son concours au

moment où le combat était engagé, joint au désavantage que leur offrait leur position, jeta le désordre parmi les ennemis, et il en fut fait un horrible carnage. Deux cent mille furent tués ou faits prisonniers. Les femmes, ne pouvant obtenir d'être consacrées au culte des déesses, s'étranglèrent de leurs propres mains après avoir sacrifié leurs enfans, plutôt que de se trouver à la merci des vainqueurs. Le nom de Pourrières, *campi putridi*, provient de cette multitude de cadavres.

Un savant de notre ville, doué d'un accent très provençal, rendant compte à l'Académie, lors d'une séance publique, de ce mémorable événement, prononçait si plaisamment le nom des Teutons aux prises avec les Romains, et les efforts de ceux-ci pour s'en saisir, que cela donnait lieu aux quiproquos les plus burlesques.

Une haute pyramide fut érigée en cet endroit. On voyait, à sa base, un guerrier porté sur un bouclier. C'était vers l'an de Rome 652, cent deux ans avec l'ère vulgaire. Le temps aurait suffi pour en faire disparaître les traces sans que la main des hommes eût dû y concourir.

Un maire barbare, a récemment fait employer la base encore résistante de cette pyramide, pour se dispenser de prendre un peu plus loin les pierres destinées à jeter un pont sur un ruisseau. C'est profaner la gloire en pure perte.

Bientôt après nous trouverons Porcieux, où je suis loin de rencontrer des ruines, si ce n'est un reste de pont romain jeté sur l'Arc, et où, après le plus gracieux accueil, je me suis rendu à Saint-Maximin, l'ancienne *Villelatte*.

Laissons les savans discuter sur le plus ou moins d'exactitude de sa fondation, et ajoutons foi à la chronique.

Magdelaine, transportée par un miracle, ainsi que Lazare, Marthe, Sidoine, Maximin, Marcelle, etc., sur les côtes de Provence, voulut se soustraire au monde et se réfugia dans une grotte

— *beaume*, en provençal — à peu de distance de Villelatte. Maximin y était évêque. Plus tard il y fut canonisé et lui donna son nom.

Elle y vint recevoir les derniers sacremens et y fut inhumée après sa mort.

Ses restes furent cachés dans le tombeau de saint Sidoine lors de l'invasion des Sarrasins, et soustraits ainsi à leurs mains sacriléges.

Ce fut Charles II, comte de Provence, qui fit faire, en 1279, les recherches auxquelles l'on dut la découverte de ces reliques.

Les amateurs du merveilleux veulent que la sainte elle-même lui en eût indiqué la place à l'aide d'une touffe de fenouil encore verte malgré les frimats. Il n'en est pas moins certain que les tombes furent découvertes, et que l'une d'elles renfermait une inscription qui ne laissait aucun doute sur son identité. L'église dont je vous parle fut édifiée en ce lieu.

Le portail attend encore et attendra, je le crains, pendant longtemps, des legs pieux pour construire la façade. On trouve, en entrant, trois nefs latérales fort élevées, arrondies à leur ceintre, et d'inégales hauteurs.

La nef principale est coupée par le chœur, orné de belles sculptures sur bois. La vie de plusieurs saints y est représentée dans les vingt-quatre médaillons qui surmontent un double rang de stalles.

Les encadremens des portes et ceux des chapelles sont aussi sculptés et d'un travail parfaitement fini.

L'absence des vitraux de couleur, brisés au temps du vandalisme, ôte à cette église la teinte mystérieuse qui prête tant de charmes au recueillement. Espérons qu'il y sera pourvu.

Deux bas-reliefs, à côté du maître-autel, sont consacrés à Magdelaine. L'autel, en face de la nef à gauche, est décoré par un tableau assez curieux dont les divers compartimens renferment autant de sujets différens, et qui ne sont pas sans mérite.

Il ne nous reste plus à voir que la chapelle souterraine contenant la tête vénérée de la sainte. Le custode fait remarquer la place que le Christ toucha du doigt lorsqu'il lui remit ses péchés, et les quatre sarcophages en marbre soigneusement sculptés, trouvés, je vous l'ai dit, avec celui de Magdelaine et conservés depuis lors.

Après leur avoir consacré quelques momens et leur avoir payé mon tribut d'éloges, il ne me restait plus rien à faire à Saint-Maximin.

LETTRE XIII.

Je vous écris de la Sainte-Beaume, ma chère Marguerite, aux de la sainte dont vous savez déjà la renommée qui fut suivie d'une si rude pénitence.

En une heure j'étais à Nans où j'ai couché dans une auberge — si l'on veut — aussi me suis-je mis en route ce matin à cinq heures, sans regrets, et laissant à ma droite les ruines du *vieux Nans* où j'ai retrouvé les moellons semillés des constructions romaines, j'ai commencé mon ascension, et j'atteignais, au bout d'une heure de marche soutenue, l'extrémité de la vallée qui mène au pied de la montagne et à la lisière de la forêt. Une demi-heure après, j'arrivais à la fontaine dont l'eau glacée provoque une tentation à laquelle il faut savoir résister — comme souvent dans ce bas monde. Peu après, on laisse à sa gauche, pour le reprendre ensuite, le chemin qui mène au Saint-Pillon, et, au devant, apparaît l'immense roc tranché à pic au milieu duquel semblent incrustés le presbytère et l'entrée de la grotte.

Jadis, un couvent et une auberge encadraient celle-ci ; pour peu qu'on tarde à réparer ce presbytère qui tient la place du couvent, il éprouvera le même sort.

Il faut gravir et non sans peine, par un chemin en colimaçon presqu'envahi par les décombres, pour parvenir à la plate-forme ; dix-huit marches conduisent ensuite devant la grotte.

Quatre fenêtres à doubles ogives, sont séparées par une double porte surmontée par une statuette de la sainte, et par l'écusson portant les armoiries de Charles d'Anjou, comte de Provence. Quelques autres marches intérieures conduisent dans le sanctuaire. Un baldaquin stucqué entoure un autel en marbre de couleur ; derrière est le roc sur lequel Magdelaine priait, pleurait et reposait. Une figure en marbre blanc, de grandeur naturelle, tient la place qu'elle occupa pendant trente-trois ans. C'est là, dit-on, que la pierre a été attendrie et creusée par ses larmes. Plus loin est un autel et, au delà, la source d'une eau toujours fraîche et pure où elle baignait ses yeux flétris par la douleur et trempait ses beaux pieds meurtris par ses constans pèlerinages au sommet de Saint-Pillon, d'où les anges l'enlevaient en extase pendant ses prières, pour la rapprocher de son divin Sauveur.

Une grotte plus profonde, où l'on descend par une double rampe, servait de demeure aux religieux chargés de veiller sur l'asile de la sainte avant l'érection du monastère. François I⁰ʳ y fonda depuis un autel ; il en reste des mutilations !

Une inscription, placée sur l'intérieur de la façade, rappelle que cette grotte fut visitée :

Par saint Louis ;

Par Jean I⁰ʳ, en 1342 ; — Charles VI, en 1389 ; — Louis XI, dauphin ; Anne de Bretagne, en 1503 ; François I⁰ʳ, en 1516 ;

La Sainte Baume

— Henri II, en 1533 ; — Charles IX, — Henri III, — Henri IV,
— Louis XIII, en 1622 ; et Louis XIV. en 1660.

J'ai fait un frugal déjeuner sur la terrasse. A ma gauche était la
grotte ; en face, le presbytère ; à mes pieds se trouvait la forêt,
et au dessus l'immense rocher couronné par la chapelle du Saint-
Pillon. J'ai bu l'eau glacée de la source sans l'arroser de mes
larmes. — Il ne faut pas être plagiaire ! Et j'ai commencé ma
lettre en regrettant de ne pas être au lundi de la Pentecôte où la
dévotion des populations voisines aurait animé ce cadre majestueux.

De plusieurs lieues à la ronde et sur les deux pentes de la
montagne, des corporations de jeunes filles et des confréries de
jeunes garçons se mettent en route, dès la veille, pour arriver à la
grotte au soleil levant. Plusieurs marchent toute la nuit, bannière
déployée, musique en tête et chantant de pieux cantiques ; elles
se succèdent dans les divers chemins qui viennent aboutir à la
forêt ; celles partant de Signes, de Cujes et du Beausset descendent par le penchant du Saint-Pillon. Celles de Gémenos, de
Saint-Pons et d'Aubagne ont suivi une autre gorge ; Rocquevaire,
Saint-Zacharie et Auriol y parviennent par le plan d'Aulps, et
enfin Saint-Maximin, Tourves, Brignolles et Le Luc prennent la
route que je vous ai décrite.

Des milliers de curieux se joignent aux belles âmes, la messe
est célébrée, ensuite chacun se répand en groupes sous les ombrages de la forêt et termine joyeusement une journée saintement
commencée.

J'ai feuilleté le registre que l'on offre aux pèlerins pour y ins-
crire leurs impressions. Les vers suivans sont les seuls que j'ai
trouvés à transcrire, tout en blâmant leur esprit et leur auteur :

« Sous cette roche qu'on révère,
» Prions que du Seigneur la bonté tutélaire

» Couvre de son pardon, en éclairant ses pas,
» Magdelaine qui pèche et ne se repent pas! »

Ils sont signés :   » CASIMIR DELAVIGNE,
                                     » Auteur de la *Parisienne.* »

Je me suis remis en marche pour arriver au Saint-Pillon.

Divers oratoires, placés depuis le pied de la montagne, servent à marquer aux fidèles les stations qu'il ont à faire ; le cinquième est à l'embranchement des routes de la chapelle et du plan d'Aulps ; les deux autres sont au delà. J'ai gravi pendant vingt-cinq minutes pour parvenir au sommet. Après vous avoir parlé des pieds de Magdelaine, je pensais aux vôtres, Marguerite, qui me sont bien plus chers, et je m'applaudissais de les avoir mis en réserve, car il ne vous en serait plus resté à la suite de cette ascension pierreuse.

Un brouillard malencontreux, tel qu'il s'en présente toujours dans de semblables circonstances, est venu s'interposer entre l'horizon et moi et m'empêcher de voir Toulon, la mer et cent trois villes ou villages, tout au moins, que mon guide s'obstinait à me montrer. J'ai préféré le croire sur parole, et, après vous l'avoir écrit, je vais partir pour redescendre.

— — ‹›⋙○⋘‹›— —

LETTRE XIV.

Depuis le versant de la barre du Saint-Pillon, jusqu'à l'extrémité de la forêt, c'est à dire pendant près d'une heure, la route circule sous les plus beaux ombrages ; des arbres séculaires d'es-

sences variées et rares en Provence, des ifs qui, si l'on en juge par
leur grosseur et par leur vétusté, doivent avoir entendu les sanglots
de Magdelaine, nous garantissaient de l'ardeur du soleil ; c'est ce
qui m'a fait paraître plus aride ce plan d'Aulps que j'ai mis une
heure à traverser et d'où je suis sorti en gravissant une montagne
à pic plus fatigante que tout le reste. Je n'avais plus, en revanche, qu'à descendre jusqu'à Gémenos ; mais, hélas ! mon guide,
pour me donner une preuve de son zèle et de sa connaissance de
ces localités, m'a fait prendre un sentier transformé en ravin,
sur lequel les arbres s'étaient tellement plu que leurs branches
s'entrelaçaient de part et d'autre, et, qu'au lieu d'abréger, j'ai
dû, pendant une heure et demie, lutter contre ces obstacles sur
des pentes à pic et des cailloux roulans. Mon pauvre homme était
tout contrit. Depuis vingt ans ces lieux, disait-il, avaient beaucoup
changé ! Il est de fait qu'aujourd'hui les chèvres se refuseraient
à y passer.

Après une marche aussi prolongée et la perspective de marcher encore pendant trois grandes heures, il y avait, convenez-en,
de quoi mettre à l'épreuve le meilleur caractère.

Cela ne m'a pas empêché cependant, de trouver ces montagnes
ardues bien boisées sur leurs flancs, la route sinueuse qui conduit à Saint-Pons et le torrent qui roule ses eaux au fond du vallon, fort pittoresques.

A l'extrémité de cette descente si prolongée, la vallée s'ouvre
et Saint-Pons commence.

Les montagnes sont toujours élégamment découpées et bien
boisées, mais la végétation prend un autre caractère ; des prés et
de beaux arbres se succèdent à chaque pas ; une première source
est bientôt remplacée par la source principale qui jaillit du pied
d'un rocher derrière l'église des Templiers ; celle-ci, dont la fa-
cade est crénelée ainsi que son clocher, forme une admirable fabrique ; sa nef est prolongée ; sa voûte est arrondie ; une chapelle

est à gauche en entrant; ses contreforts sont couronnés par des arbres entiers. Auprès se trouve l'ancien cloître. Après vous l'avoir fait traverser, le cicerone, ouvrant tout-à-coup la porte qui est en face, vous montre, par un effet d'optique, la source s'élançant du rocher et roulant en cascade ses ondes argentées, avant de les répandre sur de vertes pelouses ombragées par les plus beaux platanes.

Non loin est la première fabrique que cette source fait mouvoir, après avoir répandu l'abondance sur les prés et la fraîcheur autour du parc. Celle-ci est un moulin à farine qui cède ses eaux à une usine à plâtre, laquelle est remplacée par une papeterie à la suite de laquelle se trouvent un martinet, des cardes pour le coton, une verrerie et une belle filature de soie qui termine cette riche et fertile vallée dont l'industrie a su tirer parti sans faire tort à la nature. Partout les fabriques semblent avoir été construites pour servir de points de vue et animer le paysage; partout les prés, les jardins et les arbres sont favorables au voyageur!

J'ai voulu revoir ces sites sous leur véritable aspect et remonter toute la gorge. La route, toujours ombragée, montre des deux côtés les cimes des montagnes, dont chaque contour offre un point de vue nouveau et de nouvelles surprises, tandis que l'on croirait ne plus pouvoir passer outre.

Une gracieuse et intrépide touriste qui avait bien voulu se joindre à nous pour cette seconde excursion, demandait au début où pouvait être la vallée et comptait presque sur une mystification. Son bonheur fut aussi complet qu'inattendu, et sa manière si vive, si franche de l'exprimer donnait bien plus de charmes à nos sensations.

Tout s'y trouvait, même des grottes inaccessibles quand même sa témérité, et qui furent l'objet de ses uniques regrets.

Ces eaux se rendent à Gémenos pour être transformées en fontaines, en cascades et en bassins.

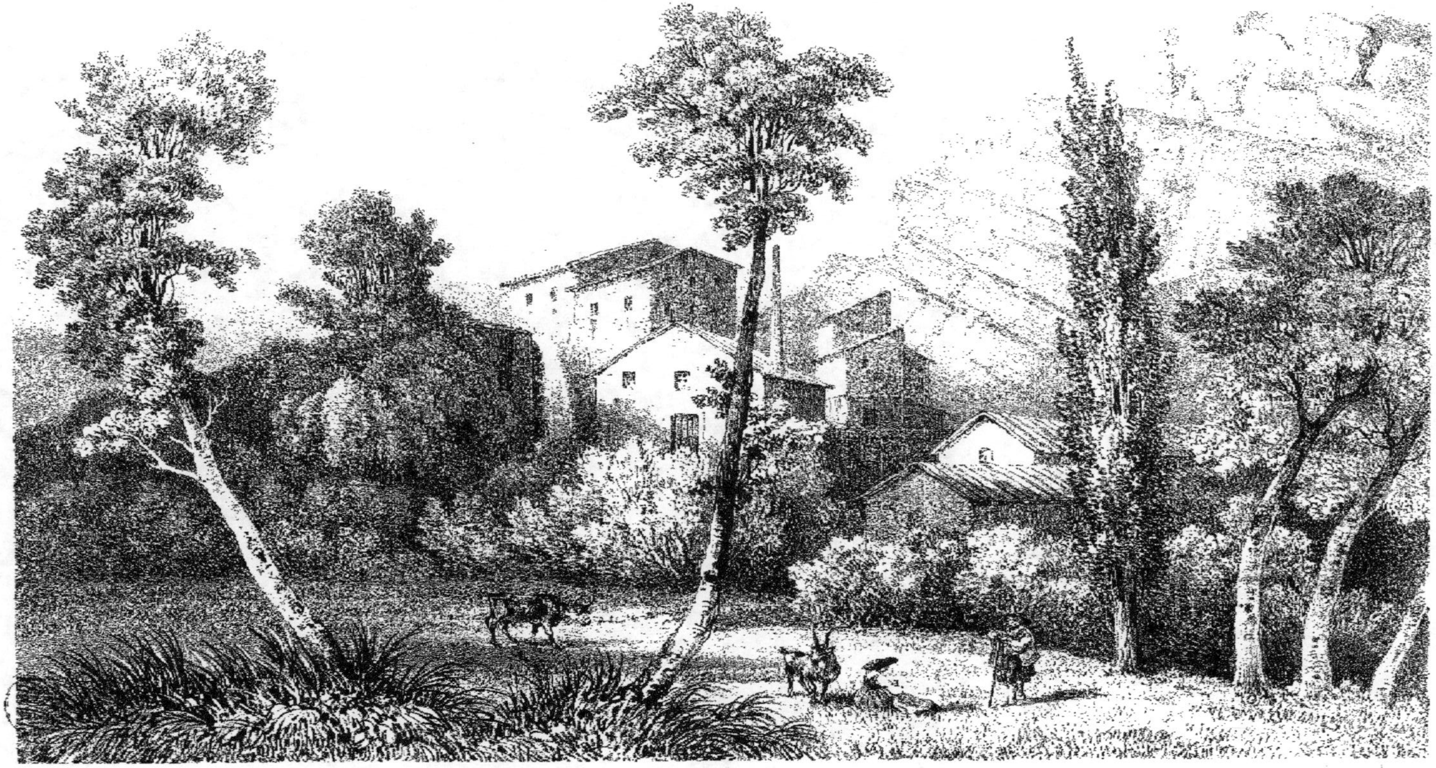

Papeterie Vallée de S.t Pons

J'ai sous les yeux les vers de l'abbé Delille, qui a célébré le séjour de Gémenos dans ses *Géorgiques françaises*. Les voici :

« O riant Gémenos ! ô vallon fortuné !
» Tel j'ai vu ton coteau de pampres couronné,
» Que la figue chérit, que l'olive idolâtre,
» Étendre en verts gradins son riche amphithéâtre ;
» Et la terre par l'homme apportée à grands frais
» D'un sol enfant de l'art étaler les bienfaits :
» Lieu charmant ; trop heureux qui, dans ta belle plaine,
» Où l'hiver indulgent attiédit son haleine,
» Au sein d'un doux abri, peut, sous ton ciel vermeil,
» Avec tes orangers, partager ton soleil,
» Respirer leurs parfums, et comme leur verdure
» Même au sein des frimats défier la froidure. »

L'abbé Delille a voulu reconnaître une hospitalité noblement
exercée en chantant de préférence le lieu qu'il habitait. Combien
sa verve n'eût-elle pas été mieux inspirée par les tableaux que je
viens de vous tracer rapidement et d'une manière aussi incom-
plète !

Ne pouvait-il pas au moins les prendre l'un et l'autre pour sujet
de ses rimes harmonieuses ?

La vallée de Saint-Pons serait citée dans les Pyrénées ; elle fait
exception en Provence.

Il faut qu'il en soit ainsi, puisque je l'ai parcourue la première
fois après dix heures de marche à pied sous un soleil ardent, et
que mes impressions n'ont pas été moins vives.

Une voiture m'attendait à Gémenos pour me mener coucher
à Cujes. J'étais blasé sur les plaisirs de la promenade. Je me figure
que vous me donnez un baiser et le bonsoir pour me dédommager de ma fatigue, et je vais m'endormir bercé par de doux
songes.

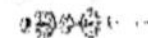

LETTRE XV.

Hélas ! ma bien chère amie, point de fête sans lendemain. Sancho Pança l'a dit, et je devais l'éprouver encore. Je m'en afflige à cause de vous ; mon désappointement me serait moins sensible si vous ne deviez le partager.

J'ai à vous parler des cours d'amour.

De cette époque célèbre dans les annales de la galanterie, où votre sexe joue un si grand rôle, et à laquelle vous devez vous intéresser par esprit de corps.

Je désirais voir les lieux où s'étaient passées les scènes que j'avais à vous redire, afin d'y joindre cette couleur locale qui peut seule prêter quelque charme à mes simples récits.

Je suis donc parti de Cujes de bonne heure ; et laissant bientôt la route de Toulon, j'ai traversé les bois à gauche pour arriver à Signes.

J'ai cherché le château dans lequel les dames, siégeant en souveraines, rendaient ces arrêts si remarquables et si respectés. Il n'en reste plus aucune trace. Le préau qui était auprès, et qui se nomme encore *place d'Amour*, est couvert de misérables masures, et, d'ignobles villageoises remplacent les dames de beauté.

J'ai fouillé dans les archives de la ville pour y trouver quelques souvenirs ; j'ai consulté des vieillards centenaires, nul ne savait ce que je voulais lui demander, et j'ai dû repartir fort mécontent sans emporter le moindre renseignement. Quel dommage de trouver aussi peu de mémoire dans une ville agréablement située, fraîchement baignée par de belles fontaines, et auprès de laquelle les sources du Gappeau jaillissent abondantes et claires pour fertiliser la contrée avant de porter leurs eaux à la mer, près d'Hyères.

Meoune est aussi bien placé. A une lieue de ce joli village, j'ai quitté la route, pour parcourir la gorge solitaire qui conduit à la chartreuse de Montrieux, nouvellement rendue à sa destination.

Ce saint monastère a subi de nombreuses mutilations. La destruction de son grand cloître et de plusieurs parties de l'édifice inspirent des regrets ; mais des vestiges élégans, une église facile à restaurer, deux clochers de formes arrondies et un site tel que les cénobites savent les choisir, donnent du charme à cette excursion.

Un père venait d'y arriver ; un frère devait être son unique compagnon. Il leur était prescrit de se suffire à eux-mêmes ! Ils me firent comprendre qu'ils comptaient sur des aumônes pour venir en aide à leurs projets. J'ai déposé mon humble offrande en leur demandant de prier pour votre bonheur et pour celui de votre frère. Dieu doit écouter ceux qui renoncent à tout, pour se consacrer à lui dans les profondes solitudes.

Plus loin, en remontant le cours du Gappeau et ses frais ombrages l'on trouve une ancienne commanderie de templiers désignée sous le nom de *Vieux Montrieux*. C'était un de leurs convens célèbres.

J'ai vu quelques restes d'épaisses murailles revêtues de lierre, et dont le surplus avait été détruit à plaisir. Leur église transformée en étable, les antiques dépendances habitées par des valets de ferme, le manoir ayant fait place à un chétif *cottage*, et le préau où les guerriers exerçaient leur valeur remplacé par un simulacre de jardin anglais.

J'avais, en arrivant, demandé le propriétaire. Je n'ai pu me résoudre à me trouver en face d'un tel mutilateur ; et, profitant de son absence, je me suis éloigné en toute hâte avant qu'il eût pu être prévenu, et j'ai repris ma route vers Belgencier.

Cette vallée m'avait été vantée, mais ma journée devait être constamment malheureuse. Des prés, des jardins, une rivière toujours encaissée, quelques papeteries et des montagnes sans forme et sans végétation ne sauraient être dignes de remarque.

Il ne reste à Belgencier d'autre gloire que celle d'avoir vu naître Peyresc et d'avoir reçu Louis XIV dans le même château, alors qu'il se rendait à la Sainte-Beaume.

Plus heureux que le grand roi, j'en suis parti plus vite en côtoyant le riant Solliez et en traversant Cuers pour arriver en toute hâte à Pierrefeu.

C'était le siége d'une autre cour d'amour.

J'espérais être vengé de Signes ; mon impatience était extrême ; je ne pouvais deux fois de suite rencontrer des Vandales dans un pays aussi civilisé que la Provence.

Eh bien ! ma chère amie, Signes était une merveille en comparaison de Pierrefeu ! Pas le moindre vestige du château, un calvaire en a pris la place ; pas l'ombre de souvenir des dames de beauté, de ces souveraines par élection dont les arrêts étaient d'autant plus redoutables qu'ils puisaient leur force dans l'opinion ; devant lesquelles les guerriers les plus célèbres et les poètes les plus renommés venaient courber leurs fronts.

Les archives m'ont fourni des chartes de 1200 et de 1300 parfaitement conservées, traitant des droits de pacage et de bûcherage octroyés aux habitans par les reines Yolande et Marie, mais pas un mot de la cour d'amour.

Les anciens que j'ai consultés pour retrouver les souvenirs de leurs grands-pères, quelques traditions, quelques légendes populaires étaient tentés de me prendre pour un fou. Peuple stupide et barbare, je ne m'étonne plus s'ils ont attendu jusqu'à présent pour chercher de l'eau à boire ! Ils ont découvert récemment qu'elle existait abondamment à moins d'un mètre de leur sol. —

Depuis le déluge, ils descendent de leur pain de sucre pour aller
la chercher au fond de la vallée.

Voici donc ce que j'ai pu recueillir autre part; il faut que je
vous dédommage de mes nombreux mécomptes.

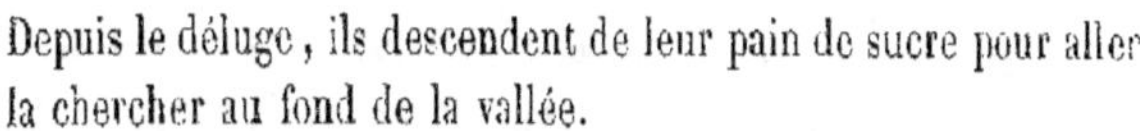

LETTRE XVI.

COURS D'AMOUR.

Ce serait sans raison que l'on voudrait nier l'existence des cours
d'amour, on en retrouve les traces depuis le xe jusqu'au xive siècle; il faudrait y croire même si elles n'avaient pas eu lieu.

Tout ce qui tend à établir les avantages de la galanterie et du
respect envers les dames, leur supériorité dans l'art d'aimer *hon-
nêtement*, et le dévoûment désintéressé des chevaliers des temps
passés, ne saurait être offert trop souvent en exemple dans le siècle présent.

Les troubadours, les trouvères, les ménestrels ne pouvaient
chanter toujours les exploits et la gloire; les paladins devenaient
rares; il fallait des sujets moins sévères pour inspirer leur verve;
l'amour et les dames devaient avoir leur tour en attendant l'époque où celles-ci occuperaient tous leurs loisirs.

Comment d'ailleurs ne pas chanter les gracieux noms que portaient les plus belles et que Tristan nous redit dans son voyage[1].
Stéphanette, Ermeline, Huguette, Duceline, Urzine, Déliane,

Marchangy.

Florie, *Alalette* devaient trouver leur place dans ces rimes en langue provençale, seule en usage dans ces temps primitifs, et si poétique que le français et l'italien n'ont pu la remplacer qu'en s'appropriant la plupart de ses mots [*].

Les dames permettaient alors que leur beauté fût célébrée par les poètes et soutenue par des combats ; un regard ou un ruban en étaient la récompense ; leur vertu ni leur honneur n'en recevaient aucune atteinte. On a vu des dames mourir d'amour et se taire envers l'objet aimé.

Ce genre de suicide devient plus rare chaque jour.

Les auteurs définissaient la galanterie « un sentiment qui ani- » mait les chevaliers à la gloire et les femmes à la vertu. » Ceux-ci professaient ce qu'on nommait alors le tiers-amour, *Dieu, l'honneur et les dames.*

De nos jours on a voulu faire revivre cette devise ; on a gravé sur des anneaux :

> À Dieu mon âme,
> Ma vie au roi,
> Mon cœur à ma dame.
> L'honneur à moi.

Il ne s'agissait que de la mettre en pratique.

Nous retrouvons dans les recueils de cette époque des sentimens aussi délicatement exprimés que flatteurs pour celles qui en étaient l'objet. Je me bornerai à une seule citation.

« Chère amie, la plus aimable des dames, vous me refusez, et » pourtant, agenouillé ou debout, la nuit et le jour, je supplie » la Vierge Marie de vous inspirer quelque tendresse pour moi. » Enfant, je respirais votre douce haleine, j'ai vécu dans

---

[*] Maître André. — Nostradamus. — Vidal. — Bouche. — Papon. — Marchangy. — Renouard. — Méry.

» votre servage, et que Dieu ne me favorise jamais si un autre
» sort excite mon envie. »

« O gente dame, permettez que je baise les gants qui couvrent
» vos mains. Dans ma timidité, je n'aspire pas à une plus grande
» faveur ! Pourvu que je jouisse du bonheur de vous contempler,
» je n'aspire pas à autre chose et je crois posséder Dieu lui-
» même. »

La traduction ne saurait approcher du charme du modèle.

Il y avait, en Provence, trois cours d'amour par excellence :
celles de Signes, de Pierre-Feu et de Romanie sous la présidence
de leurs châtelaines. Elles correspondaient entre elles et s'éclai-
raient réciproquement dans les cas difficiles ; leurs décisions formaient un code sous le nom de *Bons arrêts d'amour* que l'on in-
voquait au besoin et auquel on était tenu de se conformer. Au
nombre de ces arrêts, on remarque celui qui condamne une dame
de haute naissance à être chassée de la ville pour avoir mis un
prix à ses faveurs, et celui qui soumit le troubadour Fabre d'Usez
à être fustigé pour s'être attribué les vers d'un de ses confrères.

La belle Paule fut contrainte à se montrer sur son balcon, une
fois chaque semaine, pour satisfaire ceux que sa beauté faisait
mourir d'amour !

Dix dames siégaient à Signes, autant à Pierre-Feu, douze com-
posaient la cour de Romanie. Les questions d'amour n'étaient
pas les seules qui leur étaient soumises ; les poètes les rendaient
souvent juges de leurs défis, et elle prononçaient souverainement
sur leur mérite.

Il y avait aussi quelques hommes réunis en tribunal d'amour.
Martial d'Auvergne, avant de nous faire connaître leurs arrêts,
nous décrit ainsi leur costume :

« Le président, tout de drap d'or,
» Avait robe fourrée d'hermine,

» Et sur le col un camail d'or
» Tout couvert d'émeraudes fines.
» Les seigneurs laïcs, pour vêtemens
» Avaient robes de vermeil
» Frangées par haut de diamans
» Reluisant comme le soleil ;
» Les autres conseillers d'église
» Étaient dessus de velours pers.
» Avant feuillage de Venise
» Bordé à l'endroit, à l'envers ;
» Dessus ils avaient leurs manteaux
» Tout de grosses perles carrées
» Fermant à moult riches fermaux
» Et puis leurs chaperons fourrés, etc. etc. »

Cette magnificence ne devait pas les empêcher d'être fort ridicules. Autant eût valu voir présider par des femmes une cour martiale ! Aussi peu d'autres auteurs en ont-ils fait mention.

LETTRE XVII.

Les divers genres de poésie que les troubadours employaient à cette époque étaient :

Les *tensons*, à l'aide desquels ils soutenaient, les uns contre les autres, diverses maximes d'amour.

Les *sirventes*, employés pour peindre l'indignation ou pour propager la satire.

Les *aubades*, en faveur des belles.

Les *sérénades*, destinées par leur auteur à celle qui avait accepté ses hommages.

Les *rondes*, poésies dansantes.

Il nous reste aussi quelques romans, entre autres *Tristan et la blonde Iseult*, *la Belle Magdellone de Provence*, *Lancelot du Lac*, etc.

Les fabliaux disaient plus naïvement les historiettes qui ne comportaient pas d'aussi longs récits. Il s'en trouve un grand nombre dans les recueils de Legrand d'Haussi.

Les plus amusans ne sauraient vous être racontés, Marguerite. Celui-ci suffira pour vous faire connaître ce genre :

LES TROIS BOSSUS.

FABLIAU [*].

« Messieurs, si vous voulez m'entendre un instant (et d'abord
» je ne mens jamais), je vous conterai une aventure qui arriva
» jadis dans un château. Ce château était bâti sur le bord d'une
» rivière, vis-à-vis d'un pont et à très peu de distance d'une ville
» dont j'ai oublié le nom. Supposons pour un moment que ce soit
» Douai.

» A Douai donc vivait un bourgeois sage et prud'homme, estimé
» pour sa probité par tous ceux de la ville. Malheureusement il
» n'était pas riche, mais il avait une fille si belle, si belle qu'on
» venait par plaisir pour la regarder; et, à vous dire vrai, je ne
» crois pas que nature ait jamais formé créature plus accom-
» plie.

» Le maître du château dont je vous ai parlé était un bossu.
» Nature s'était amusée à former aussi ce petit bijou-là; il est vrai
» que ce n'était pas tout-à-fait sur le même modèle que la belle

[*] Par Durant.

» bourgeoise; mais, à défaut d'esprit, elle avait donné au magot
» une grosse tête. Cette tête, qui venait se perdre entre deux
» hautes épaules, elle l'avait ornée d'une crinière épaisse, d'un
» col court, d'un visage à faire reculer d'effroi.

» Tel était, en abrégé, le portrait du châtelain ; peut-être dans
» toute votre vie n'en verrez-vous pas un semblable.

» Malgré sa difformité, cet épouvantail s'avisa néanmoins d'ai-
» mer la belle-fille. Il fit plus, il osa la demander en mariage ;
» et, comme il était le plus riche du canton, car il avait passé sa
» vie à entasser denier sur denier, la pauvrette lui fut livrée.
» Hélas ! il n'en devint que plus à plaindre. Horriblement jaloux,
» et d'ailleurs trop bien convaincu de sa laideur, il n'eut plus de
» repos ni le jour ni la nuit ; il allait et venait sans cesse, rôdant,
» espionnant partout et ne laissant jamais entrer chez lui que les
» personnes qui apportaient quelque chose.

» Une des fêtes de Noël qu'il était ainsi en sentinelle à sa porte,
» il se vit abordé tout-à-coup par trois ménétriers bossus. Ces chan-
» teurs avaient fait la partie de se réunir tous les trois pour venir
» lui faire niche et s'amuser à ses dépens. Ils le saluèrent comme
» confrère, lui demandèrent en cette qualité de les régaler ; et en
» même temps, pour constater la confraternité, tous trois pré-
» sentèrent leur bosse. Cette plaisanterie, qui devait, selon toutes
» les apparences, être fort mal reçue du sire, par événement le fut
» pourtant assez bien. Il conduisit les ménétriers à la cuisine, leur fit
» servir des pois au lard et un chapon, et leur donna même en
» sortant vingt sous parisis. Mais, quand ils furent à la porte, il
» leur dit : « Regardez bien cette maison, et de votre vie ne vous
» avisez d'y mettre le pied ; car si jamais je vous y rattrape,
» vous voyez cette rivière, pour le coup c'est là que je vous fais
» boire. »

» Nos musiciens rirent beaucoup de ce propos du châtelain, et
» ils reprirent le chemin de la ville dansant d'une manière bur-

» lesque et chantant tous trois à tue-tête pour le narguer. Quant
» à lui, sans faire la moindre attention à eux, il alla se promener
» dans la campagne.

» La dame, qui les vit passer le pont et qui avait entendu les
» ménétriers, les appela, dans le dessein de se distraire un moment
» en les faisant chanter. Ils montèrent, on ferma les portes, et
» mes gens à l'envi de débiter aussitôt, pour égayer la châtelaine,
» tout ce qu'ils savaient de mieux. Déjà la dame entrait en gaîté,
» quand tout-à-coup on entend frapper en maître. En effet, c'était
» l'époux qui rentrait. Les bossus alors se croient perdus, la femme
» est saisie de frayeur ; tous quatre, après tout, avaient également
» à craindre. Celle-ci, heureusement, aperçoit sur un châlit,
» dans une pièce voisine, trois coffres qui étaient vides. Elle
» place dans chacun un bossu, ferme sur eux le couvercle et va
» ouvrir à son mari.

» Il ne rentrait que pour espionner sa femme comme à l'ordi-
» naire ; aussi, dès qu'il eut resté un peu de temps auprès d'elle,
» il sortit de nouveau, et vous croyez bien qu'elle n'en pleura
» pas. A l'instant elle courut aux coffres pour délivrer les prison-
» niers, car la nuit approchait, et son mari par conséquent ne
» pouvait pas tarder à rentrer. Mais quelle fut sa consternation
» quand elle les trouva tous les trois morts étouffés ! Peu s'en fal-
» lut qu'elle ne souhaitât mourir elle-même ! Au reste, toutes les
» lamentations possibles n'eussent remédié à rien ; il fallait au
» plus tôt se débarrasser des trois cadavres, et il n'y avait pas un
» moment à perdre.

» Elle courut donc à la porte et, voyant passer un gros paysan,
» elle lui dit : — Veux-tu être bien riche ? — Oui dà, belle dame :
» essayez un peu, vous verrez si je l'endurerai. — Eh bien ! je
» ne te demande pour cela qu'un service d'un moment et te pro-
» mets trente livres en belles et bonnes pièces ; mais il faut au-
» paravant me jurer sur ton Dieu de me garder le secret. Le

» paysan, que tenta la somme, fit tous les sermens qu'on voulut.
» La châtelaine alors le conduisit à la chambre et, ouvrant le pre-
» mier de ces coffres, lui dit qu'il s'agissait de porter ce mort à
» la rivière. Il demande un sac, y met le bossu, va le précipiter
» du haut du pont, puis revient tout épouffé chercher son paie-
» ment. — Je ne demanderais pas mieux que de vous satisfaire,
» repartit la dame ; mais vous conviendrez au moins qu'il faut
» avoir rempli vos conditions. Vous êtes convenu, n'est-ce pas,
» de me débarrasser de ce cadavre ? Le voici encore, cependant ;
» regardez vous-même. En même temps elle lui montre le
» deuxième coffre où était un autre bossu.

 » A cette vue le manant est stupéfait. — Comment diable est-
» il donc revenu ? Je l'avais bien jeté, pourtant ! C'est sûrement
» quelque sorcier ; mais parbleu il en aura le démenti et fera en-
» core une autre fois le saut périlleux. Il fourre aussitôt dans le
» sac le second bossu et va le jeter, comme l'autre, à la rivière
» en ayant bien soin de lui mettre la tête en bas et de regarder
» s'il tombe.

 » Pendant ce temps, la dame dérangeait les coffres vides et
» les changeait de place de façon que le troisième, qui était plein,
» se trouva être le premier. Quand le villageois rentra, elle le
» prit par la main et, le conduisant vers le mort qui restait, lui
» dit : — Vous aviez raison, mon cher, il faut que ce soit un sor-
» cier et l'on n'a jamais rien vu de semblable ; tenez, ne le
» voilà-t-il pas encore ! — Eh quoi ! par tous les diables d'enfer
» je ne ferai donc, dit-il, que porter tout le jour ce maudit bossu,
» et le coquin ne voudra pas mourir. Ah ! par la cordieu nous
» verrons. Il l'enlève avec force juremens, et, après lui avoir at-
» taché une grosse pierre au cou, va le lancer au beau milieu du
» courant en le menaçant sérieusement, s'il revenait une qua-
» trième fois, de le faire expirer sous le bâton.

 » Le premier objet qu'il rencontre à son retour est le maître du

» logis qui rentrait chez lui; à cet aspect, mon vilain ne se pos-
» sède plus de fureur. — Chien de bossu, te voilà donc encore? Il
» ne sera pas possible de se dépêtrer de toi! Allons, je vois bien
» qu'il faut t'expédier tout de bon. Il court aussitôt sur le châ-
» telain qu'il assomme et, pour l'empêcher de revenir, le jette à
» la rivière enfermé dans le sac.

» Je gage que vous ne l'avez pas revu ce voyage-ci, dit le ma-
» nant à la dame, quand il fut remonté. Elle répondit que non.
» — Il ne s'en est morbleu guère fallu, ajouta-t-il, et déjà le sor-
» cier était à la porte; mais j'y ai mis bon ordre, soyez tranquille,
» dame, je vous garantis qu'il ne reviendra plus.

» Il n'était pas difficile de deviner ce qu'annonçait ce propos.
» La dame, en effet, ne le comprit que trop bien; mais le mal-
» heur était fait, force lui fut de s'en consoler. Du reste, elle paya
» fort exactement au vilain ce qu'elle lui avait promis, et jamais,
» peut-être, ni l'un ni l'autre, n'eurent une journée plus heu-
» reuse.

» Je conclus de cette aventure qu'argent fait tout. Maudit soit
» à jamais l'homme qui attache trop de prix à ce métal, et maudit
» soit surtout celui qui le premier en fit usage! »

C'est un peu long, mais je ne pouvais y rien changer.

⸺⸺◦▰◦⸺⸺

LETTRE XVIII.

Les cours d'amour se sont éteintes; la galanterie a pris un autre
genre, les femmes ont perdu leur empire. Peut-être doivent-elles
se le reprocher; mais je crains qu'elles ne tentent vainement dé-

sormais de rétablir leur position; à moins que l'excès du mal ne soit la cause du remède.

Je ne saurais finir ce chapitre sans vous mettre à même d'apprécier le charme que la langue provençale prête à la poésie, et sans vous offrir la preuve que les anciens troubadours ont trouvé de spirituels imitateurs.

Voici deux fables que vous traduirez facilement et qui vous plairont, j'en suis certain. L'une est du siècle passé; l'autre, récente, due à un de nos compatriotes, a été extraite d'un recueil précieux que la modestie de *M. d'Astros* a rendu trop rare et qui perd beaucoup en n'étant pas racontée par lui.

LEIS RATOS ET LOU FLASCOU[*].

Dous ratouns bouens amis, esten per orto un jour
    Dins seis galaries ourdinaris
Que soun granies, estagieros, armaris
Trobouu un flascoulet tapa, qu'à soun oudour
Jugeoun plein d'oli fin; velei vaquito en festo;
    Si delegoun, fan tour sur tour,
Et de l'abesina dahor le ven en testo.
    Lou plus foüer s'apountilo au soou,
    S'esquicho, empigue, la esquinetto;
    L'aoutre doou tap pren la courdeto
Fa fouerso, tiro, et fa tout ce que poou
Per l'en pou boulega. Mai noun li a ren a faire
    Tous ses esforts, pecaïre
    Amoussarien pas un calen
    Las, fatigas, prenoun aleu.
Quand l'un déi boustigouns dis à l'autre : coumpaïre,
Fasen pas reflexien que ce que fen voou ren.
    Mi ven uno millou pensado;
Qu'es de rata lou tap, ensuito de sooussa
Noüesteis coües din lou flascou et puis de lei sussa :

[*] Gros. XVIIe siècle.

Tant fa, tant va, la caouvo es aprouvado
Lou tap es assiegca, mountoun a l'escalado.
Rouigoun tant, qu'a la fin lou flascou es destapa :
Fan naviga sei coüe, vagne de lei lipa
          Tira, lipo, lipo, bouto.
          Nen laisseroun pas mao gonto
Engien voou mai que fouereo en qu soou s'entraina.

LES LAIRES ET L'ASE[1],

FABIO.

TRADUCTIEN LIBRO DE LAFONTAINO.

Per un ase raoubat dous laires disputavount
Un lou voulie gardar laoutre un paou maquignoun
N'en voulie far de souus. Lou premier dis de noun,
L'autre de si ; si..... nouu..... toujour maï s'escooufavount.
Patin, couffin..... apres ben de resouns
Metteround man eis cooups de poungs
A beis fichaous, s'arresounavouat ;
Bouto ! vague ! anen, zou ! piquo que tu n'aouras
Cooups de pès oou darnier, cooups de poungs su lou naz
          Daou biai que s'en dounavount
Aurias dich que lou tems li manquesse oou besoun.
Piquas ferme, en effet, braveis gens lou temps presse,
Vaqui qu'arribo un tresieme larroun
Que leis vian auissas vous mounto lou grisoun
          Et li brulo la poulitesso.
          Sonto la capo doou souleou
Quand s'es pas vis de reis coumo aqueleis dous laires
Que, l'espaso à la man, eresen far seis affaires
          An fach eis autres lou mouceou.

Lafontaine n'a jamais été mieux imité.

LETTRE XIX.

Je devais me rendre à la Chartreuse *de Laverne*. C'était jadis la première succursale de la grande Chartreuse qu'elle surpassait même par sa magnificence.

La route est belle et variée jusqu'à Collobrières, pays enrichi par l'écorce de ses liéges qui a le privilége, grâce à un double tissu cellulaire, de pouvoir être enlevée tous les six ans, sans que l'arbre, ainsi dépouillé, cesse de croître et de produire.

Là il n'existe plus aucune route; il faut gravir pendant près de trois heures à pied ou à dos de mulet dans les pays les plus sauvages ; les pins et les liéges font place aux châtaigniers cruellement décimés par l'ancien propriétaire, et à des myriades d'arbousiers ; il n'y a que les précipices et les montées qui ne varient pas. Enfin on parvient à la Chartreuse, et, sauf un portail, qui aura bientôt disparu si l'on en juge par son isolement, quelques marches contournées, l'ancienne demeure des étrangers, et des vestiges d'un cloître, il ne reste rien du monastère. Les pierres ont été vendues et transportées à Collobrières où elles servent à construire des fabriques de bouchons.

Cependant il faut cinq autres heures pour parvenir à Saint-Tropez par un chemin que la descente rend encore plus dangereux, aussi peu de gens y viennent-ils, et encore faut-il être étranger et niais pour s'y laisser prendre. J'étais l'un et l'autre.

J'ai trouvé, près de la mer, un pin monstre que j'ai remarqué, et la vue du golfe de Grimaud auquel la ville de Saint-Tropez semble donner entrée.

Jadis colonie romaine sous le nom d'*Héraclea Caccabaria*, Saint-Tropez n'est plus aujourd'hui qu'une colonie de pêcheurs. Son port

est bon, et l'on y construit d'assez gros navires. J'ai eu la bonne
fortune de voir lancer à la mer un beau brick qui mettait en fête
la population. Rien de plus majestueux que cette immense masse
se mouvant seule dès qu'elle est délivrée de sa dernière épontille,
montée par une multitude et baignant sa proue dans la mer aux ac-
clamations de la foule, en attendant que sa mâture lui permette de
porter au loin les produits de notre industrie, des nautoniers aventureux cherchant à faire des découvertes, ou des guerriers doublement intrépides puisqu'ils ont à lutter contre plus de dangers.

Rien ne prouve mieux le génie de l'homme que ces voiles flot-
tantes avec lesquelles il parvient à parcourir le monde. Rien de plus
imposant que les flots en courroux, les rivages de la mer et l'immensité qu'elle développe. Si je n'avais des êtres chers auxquels
je veux être un jour réuni, et si je croyais en valoir la peine,
j'aurais désiré une tombe en ces lieux.

La citadelle est désarmée, on la répare, il n'y a rien autre
chose à Saint-Tropez. Sa position en fait le charme, mais c'est
beaucoup et c'est assez.

Nous nous rendrons par mer à Grimaud, une heure et demie
nous suffira; j'y trouverai plaisir et repos: ma journée d'hier
me les fera apprécier. D'ailleurs, quand nous aurons atteint la
plage, il nous faudra gravir encore pour parvenir à l'antique
château.

Le village est bâti en terrasses; on y montre une vaste citerne,
quelques maisons d'origine mauresques et une église massive
dont une partie creusée dans le roc est surmontée par le clocher.
Sur le sommet de la montagne se trouvent les ruines pittoresques du
manoir, une tour, un arceau, quelques vestiges de murs épais, et
une admirable vue.

Le golfe de Grimaud a été ainsi nommé par Guillaume Ier, souverain de la Provence, pour perpétuer le souvenir de la valeur que

Gibelin de Grimaud déploya contre les Sarrasins ; il s'appelait précédemment *Sambrocitain*[1].

Je suis venu reprendre la route qui conduit à la Garde-Fraynet, laissant à ma gauche Cogalin et sa tour sarrasine transformée en horloge, seul souvenir de leur domination.

La route s'élève constamment jusqu'au village de la Garde-Fraynet ; les châtaigniers y sont les plus beaux ; ils couvrent, en se confondant avec les pins et les liéges, les *Maures* à perte de vue : ce nom a été donné à cette haute chaîne de montagnes par suite de la longue possession mauresque.

Votre mère, qui prétend qu'il y a absence de bois en Provence, serait forcée de faire ici amende honorable. Je commence, pour mon compte, à en avoir assez, et je voudrais pouvoir les transporter ailleurs. Depuis la Sainte-Beaume je n'ai pas trouvé autre chose.

Cette Garde-Fraynet servait, depuis le VIIIe siècle, de principale forteresse aux Sarrasins. Sa position était superbe, dominant les gorges qui pouvaient seules y conduire, ayant placé leur fort sur un roc encore plus isolé, y ayant réuni tout ce qui pouvait contribuer à sa défense, peu éloignés de la mer qui leur servait à transporter en Afrique leur butin et leurs esclaves, ils se livraient impunément à leurs rapines. L'histoire dit que leurs exactions furent telles, que les seigneurs voisins se liguèrent contre eux à la fin du IXe siècle, et les chassèrent de ce repaire.

Guillaume Ier, comte de Provence, Castellane, seigneur de Hyères, et Grimaldi, seigneur de Monaco, sont cités comme y ayant puissamment concouru.

Le succès de cette grande entreprise fut dû à la vengeance du commandant du château de la Garde, auquel le chef supérieur commandant les troupes et le fort, venait d'enlever sa femme

[1] 980.—P. P. Poulle.

qu'il retenait captive, il livra ses portes à l'ennemi et se fit chrétien. La défaite des siens avait été la condition de son abjuration :
« Si votre Dieu vous fait vaincre, avait-il dit, il sera le plus fort
et je suis prêt à l'adorer. »

Ce qui resta de ces barbares fut chercher un refuge au village
de Tourtour. Mais les seigneurs les y suivirent, et après un combat opiniâtre ils furent encore vaincus et expulsés de la Provence[*].

Les marrons et les liéges sont les seules choses qui se trouvent
aujourd'hui à la Garde-Fraynet ; pardon ; il s'y voit encore les récentes gravures du *Journal des Modes*, étalées devant la boutique
d'un tailleur, et j'étais loin de les chercher au milieu de ce nid
d'aigles. Il est vrai que les habitans m'ont semblé en faire peu
usage.

La descente jusqu'au Luc a lieu rapidement ; toujours des bois.
toujours de beaux points de vue, grâce à la hauteur qui permet
d'embrasser un immense horizon ; ils sont en outre fréquemment
variés à cause des pentes où le moindre accident devrait être sans
remède.

Brignolles qui dut son nom à la célébrité de ses prunes, a été la
patrie de saint Louis, évêque, qui voulut y venir mourir. La vallée mène à Carces dont les seigneurs ont joué un grand rôle lors
des guerres du moyen-âge ; à Entrecasteaux dont le nom rappelle
une bien funeste histoire ; à Sainte-Marie-du-Thoronet dont on
vient de réparer la chapelle sans s'occuper de l'antique abbaye.

Nous aurons remplacé la route aride qui nous eût conduit au
Cannet par une suite de sites variés, des plaines bien cultivées,
des irrigations nombreuses provenant de la rivière d'Argens, par
de jolies habitations et par une constante verdure.

Nous reprendrons auprès des Arcs le chemin que nous avons

[*] P. P. Poulle.

quitté à Brignolles; un château mutilé et un pont de construction
romaine nous y retiendront quelques instans; ensuite Trans,
puis Draguignan, qui ne mérite pas, selon moi, d'être le chef-
lieu d'un aussi beau département. Trois tours intérieures ne sont
que vieilles, une horloge perchée sur un roc, ne sert qu'à mieux
montrer la laideur de la ville et l'aridité du sol qui l'entoure, un
pont romain, seule ruine à montrer, vient d'être emporté récemment, et les murs sont en partie rasés. On peut poursuivre sans
scrupule cette démolition! Une ville pareille n'a nul besoin d'être
gardée; personne ne sera tenté de la prendre.

C'est à Draguignan qu'un voyageur connu, bon père de famille,
économe et prudent, s'arrêtant pour la première fois dans une
des principales auberges, crut devoir s'informer pour sa règle des
prix en usage dans la maison.—Monsieur, combien vos déjeuners?
— 1 fr. 50, Monsieur. — Et vos dîners? — 2 fr. 25. Pour souper
et coucher il en coûte 3 fr. — Monsieur, veuillez me faire servir
à déjeuner, je vous prie. — Il était dix heures du soir!

Nous ne nous arrêterons plus jusqu'à Fréjus; et quoique j'en
aie dit ailleurs quelques mots, je ne saurais croire qu'il vous en
souvienne. Ma prose est trop légère pour produire de longues impressions. D'ailleurs, c'est un des lieux qui réunit le plus d'intérêt
sur notre route, et je ne saurais le passer sous silence dans ma
pérégrination.

Fréjus a devancé la domination romaine en Provence; on s'ac-
corde à reconnaître les Celto-Liguriens pour ses fondateurs; mais
les Romains s'empressèrent de l'agrandir et d'y porter leurs
pompes. Le port, creusé par Jules César et terminé sous le règne
d'Auguste, communiquait avec la mer par un vaste chenal, que le
temps a comblé sans que l'on vînt y mettre obstacle, ne fût-ce
que pour éviter les miasmes pestilentiels des marécages qui devaient les remplacer.

Ce dernier empereur fut chercher à plusieurs lieues les eaux de la Siagne, à l'aide du bel aqueduc dont vous voyez encore les restes, pour abreuver les habitans et couler dans les thermes, objet de première nécessité pour ce peuple voluptueux, quand il cessait d'être guerrier.

Il fit construire encore un théâtre, de vastes arènes, des murs épais avec leurs portes massives formant une enceinte de plus d'une lieue, un magnifique palais que l'on voit en entrant et qui, joint aux arcades, forme la ruine la plus complète parmi ces divers monumens.

Ce furent encore les Sarrasins qui, pendant leur funeste séjour, détruisirent ces chefs-d'œuvre auxquels ils portaient envie.

Une ancienne voie romaine circulait de manière à faire éviter l'Estérel et ses pentes. On en cherche les traces ; mais il serait trop long d'attendre, et j'abrégerai votre montée en vous rappelant ce jeune fashionable qui, pour rapporter *à des beautés charmantes* un bijou perdu et qu'il n'avait pas retrouvé, se mit à leur poursuite depuis Nice, les rejoignit à Fréjus et retourna ensuite chargé de bruyères et d'écorchures, et recevant pour tout salaire une chanson et une scène de jalousie.

La descente de l'Estérel nous conduira à Cannes. Les pins qui couvraient la montagne sont brûlés en grande partie ; c'est un passe-temps que la malveillance renouvelle fréquemment.

Je m'arrêterai chez lord Brougham, spirituel et savant démocrate, que ses talens firent lord et chancelier d'Angleterre sous un ministère de son opinion, et dont les saillies sont citées même lors des discussions les plus sérieuses.

Il avait créé cette demeure pour une fille chérie et malade. Il n'eut pas le bonheur de la lui voir occuper ; elle n'existait plus quand la maison fut achevée ! Il vient y apporter chaque année ses regrets et ses souvenirs.

Cannes remplacerait Nice et serait même préférable par son climat et par sa position si la mode l'avait voulu. Son ancienne renommée se borne à un combat livré tout auprès, et, oublié depuis long-temps. Le golfe de Jouan, en revanche, rappellera toujours le retour en France du plus grand capitaine de notre époque.

Les îles Sainte-Marguerite sont en face. L'une, au mystère du masque de fer, qui n'était autre qu'un frère jumeau de Louis XIV sacrifié à la politique, et, qu'on aurait pu moins mal loger pour adoucir sa disgrâce.

L'autre, l'île de Lérinx, monastère fondé sous la protection de saint Honoré, au commencement du IVe siècle, a fourni des moines à de nombreuses congrégations. Sa situation et la douceur de sa température rendaient cette retraite délicieuse. Des vestiges employés à la construction du monastère prouvent que les Romains s'y étaient plus anciennement établis.

Le repos des cénobites fut troublé en 1536. Les Espagnols s'emparèrent de Sainte-Marguerite et de Lérinx et s'y fortifièrent de telle sorte que ce ne fut qu'en 1637, et après beaucoup de sang répandu, que l'on parvint à les en chasser.

Je vous conduirai, à Antibes sous de beaux oliviers, moins anciens cependant que son origine, due à une émigration marseillaise, plus de trois cents ans avant J.-C., et dont les Romains surent faire usage en l'embellissant. Des vestiges plus rares que les souvenirs servent de preuve à ce fait. Vendu aux Grimaldi par un pape usurpateur, Antibes fut cédé de nouveau à Henri IV, qui le réunit à la couronne et le fit fortifier. C'est la première frontière maritime du côté du Piémont, et de nouveaux travaux lui donnent de l'importance. Nice est en face ; la route suit les sinuosités de la plage en montrant la mer lointaine et des orangers fleuris sur des montagnes embaumées.

LETTRE XX.

Cagnes se trouve avant le Var. A gauche, le château de Villeneuve, au marquis de Panisse, manoir préféré des comtes de
Provence au xiie siècle et donné par Raymond Béranger à Romée
de Villeneuve, à titre de récompense. Racheté en 1250, ce château
fut encore l'objet de la munificence royale, et, en 1624, la reine
Yolande en fit don à Villeneuve de Vence. François Ier y séjourna
en 1538, lorsqu'il vint recevoir Charles V et s'aboucher à Nice avec
le pape. Sa tour pentagone, au pied de laquelle est groupé le château, et qui remonte à la domination sarrasine, montre une vue
aussi lointaine que variée. Au nord, les hautes cimes des Alpes et
leurs neiges qui datent du déluge; en face, la mer; à gauche, Nice
et son golfe prolongé; à droite, Antibes et les îles. Ses jardins en
terrasse et bien tenus prouvent la sollicitude de son propriétaire.
Il n'a plus à s'occuper que des moyens d'y parvenir facilement.

Je n'aurai pas la cruauté, Marguerite, de vous conduire jusqu'au
Var, son lit est trop plat, trop sec, trop caillouteux, sauf aux jours
d'orage; d'ailleurs Nice est trop près.

Vous blâmeriez ma raison ou mon silence. Revenant donc à la
patrie de Romée, souvenons-nous qu'elle fut consacrée au dieu
Mars sous le nom de *Belle Demeure*, et qu'auprès se trouve la
Gaude dont le vin n'a pas de pareil quand on a la patience d'attendre.

Laissons Saint-Paul et ses murs crénelés, ses portes à herses
et ses machicoulis : venons au Bar par Roquefort en suivant *le
Loup* et ses cascades, et arrivons à Grasse qu'il faudrait se contenter de voir de loin pour jouir de son amphithéâtre sans s'ex-
poser à la malpropreté de ses rues.

Signalons son cours, sa tour romaine, son antique temple dont Saint-Hilaire a hérité de Jupiter. Parlons des parfums de ses fleurs que l'alambic transforme en essences et en pommades ; laissons ses huiles doublement *grasses* à ceux qui ne sont pas dignes d'être gourmets, et après avoir admiré la beauté de son territoire et de ses produits, venons à cheval à Bargemont, puisqu'il n'y a pas d'autres moyens directs pour y parvenir de ce côté.

Bargemont est plus rapproché de Draguignan que de Grasse : c'est le berceau des Villeneuve, déjà anciens en 1200.

Romée, cachant son nom pour ne pas exciter l'envie, vint, sous l'habit d'un pèlerin, offrir ses services à Beranger ; il justifia la confiance de son maître en faisant prospérer ses États pendant sa vie et en continuant son œuvre après sa mort. Les brillans mariages des quatre filles de Raymond furent la conséquence du haut renom qu'il leur avait donné.

Les Villeneuve d'alors avaient honneur, esprit et science ; ceux d'aujourd'hui n'ont nullement dégénéré.

Vous pensez bien que nous ne séjournerons pas long-temps à Draguignan, mais vous partagerez ma mystification en venant chercher, à Châteaudouble, des ruines d'un temple et d'un théâtre romains dont il n'existe plus de vestige de mémoire d'homme. A Ampus, quelques morceaux de marbre épars, honorés du nom de carrières, et à Aulps, autre chose que des irrigations bien ménagées.

Nous nous reposerons à Salernes. Ce marquisat nous appartenait jadis. Les terres ont toutes été vendues par la nation : personne n'a voulu acheter le château ; il était noblement féodal ; l'on s'est contenté de le détruire, quand on n'a plus voulu des pierres, et qu'on s'est lassé de mal faire, on s'est arrêté ; il reste encore deux tours d'inégale hauteur ; des souterrains, des voûtes, la place du pont-levis et quelques pans d'épaisses murailles. Je vais me faire restituer ces ruines : ce sera un souvenir du passé.

Ces manoirs féodaux étaient placés sur la cime des collines pour pouvoir se défendre avec avantage au temps d'abord où les Sarrasins dévastaient toute la contrée, et alors, ensuite, que les grands feudataires se faisaient la guerre entre eux. Les habitans s'agglomèraient autour pour en recevoir protection, et pour concourir à leur défense. Telle est la cause de la position des villages de ces contrées. 93 a achevé ce que Louis XI avait si bien entrepris. La guerre contre les châteaux s'est poursuivie à toute outrance. La plupart regrettent ce qu'ils ont fait; l'aristocratie s'est déplacée! sauf ceux qui se sont distingués par de brillans faits d'armes, la morgue des autres parvenus, a remplacé, la bienveillance des anciens seigneurs : ceux-ci, à peu d'exceptions près, savaient qu'ils étaient respectés, ils pouvaient sans crainte se montrer bons et simples. Les autres redoutant qu'on leur rappelle leur récente origine, se montrent durs et fiers dans l'espoir de la faire oublier.

J'ai admiré, en passant, la cascade de Sillans qui mériterait que l'on fît tout exprès le voyage. J'aurais préféré la gentille châtelaine, vous m'approuverez à plusieurs titres, mais je n'avais pas eu le choix. Tout auprès, Cotignac bâti à plaisir au fond d'un précipice et où l'on s'étonne de ne pas arriver par les toits.

C'est Notre-Dame de Cotignac qui reçut, dit-on, le vœu de Louis XIII. Louis XIV, en reconnaissance, la décora du cordon bleu.

A gauche, avant Barjols, Pontevez, dont le manoir semble avoir mieux résisté; ses quatre tours sont encore droites, mais elles ne sauraient durer long-temps. Ensuite, au fond d'une vallée et après des contours fréquens, des chutes d'eau, des usines et des grottes, la jolie ville de Barjols, fraîche, riante, plantée de beaux arbres, ornée de nombreuses fontaines dont les ruisseaux se transforment en cascades,

On croirait ne plus pouvoir descendre et pourtant la vallée s'ouvre encore, et de vertes prairies se prolongent en pentes douces. Je vous écris de ma fenêtre, les maisons qui m'entourent s'abaissent en amphithéâtre, ayant chacune, des jardins embaumés de fleurs. — Sur la montagne la plus haute, une croix semble se perdre dans les nuages; la chute des eaux murmure à mes oreilles, les vertes pelouses semblent fuir devant moi, des vierges vêtues de blanc et parées de rubans bleus, chantent processionnellement, en couronnant les hauteurs, les louanges de *Marie* dont c'est la fête; le curé suit en bénissant la foule prosternée. — C'est réellement un beau spectacle! Je vous mènerai à Barjols , Marguerite. Je veux jouir de vos impressions!

DEUXIÈME PARTIE.

LETTRE XXI.

Après vous avoir laissé reprendre haleine, ma chère Marguerite, nous recommencerons nos pérégrinations. Encouragez-moi, je vous en prie, je crains que vous ne soyez fatiguée de me lire, tandis que je reprends courage pour voyager à votre intention.

C'est le département des Basses-Alpes et une partie de celui de Vaucluse où je vais vous conduire; ils complètent, avec celui des Bouches-du-Rhône et du Var, notre ancienne Provence.

Le premier château que nous laisserons à droite est celui de Meyrargues, quelques restes d'aqueduc romain sont auprès; perché sur une colline, il domine d'un côté le cours de la Durance, et, de laides montagnes le pressent d'autre part. Je comprends

18

qu'il soit peu habité! Je ne saurais apprécier ces demeures, pour
lesquelles l'invention des ballons a besoin d'être perfectionnée.

À gauche, Peyrolles; plus loin le pont qui fait franchir le torrent à Mirabeau, et, qu'on laisse pour traverser le Verdon à son embouchure, et se rendre ensuite à Gréoulx. Il y règne une naïade
bienfaisante qui donne la santé et la jeunesse à ceux que la maladie
ou la foi y conduisent. Les bains sont solitaires, le village mal
peuplé, le château, ancienne demeure des templiers, est curieux
à visiter.

Le Verdon change ensuite son lit pierreux contre des bords en-
caissés et rapides, et conduit sur la route de Riez.

Le château d'Allemagne, jolie renaissance bien conservée, partage la distance que l'on parcourt pour arriver à la ville que *Nan*
habitait jadis, devenue sous le nom de *Reia* une puissante colonie romaine, où les vestiges les plus considérables sont quatre
colonnes élégantes en granit gris, dont les chapiteaux, en marbre
blanc, supportent des entablemens en efflorescence.

C'était un temple, sans nul doute, malgré que l'on conteste
leur origine; mais les savans nient tout pour se donner le plaisir
de tout prouver.

Le panthéon qui se trouve auprès est plus complet, grâces à la
chemise dont il a été revêtu. Huit colonnes d'ordre corinthien
soutiennent un dôme modernisé par des réparations, et entourent
un *taurobole* ou autel des sacrifices, au centre duquel se trouve
un trou pour donner passage au sang de la victime.

Une chapelle élevée réunit encore quelques colonnes; des tron-
çons ou des vestiges se rencontrent ensuite à chaque pas, les vicissitudes des temps, les invasions sarrasines et autres, ont dé-
placé la ville de Riez. Telle qu'elle est aujourd'hui, elle offre un
agréable site.

La fontaine de l'Evêque est fort en renom dans la contrée.
Placée sur l'autre rive du Verdon, entre Baudun et Aiguines et

sortant abondante du pied d'un rocher, sa belle source va trop tôt se perdre dans le torrent, après avoir fait mouvoir un moulin. Un reste de forteresse couronne ce rocher, et quelques piles d'un pont d'origine romaine annoncent un ancien passage en ce lieu.

Je ne vous ferai pas l'éloge du trajet de Riez à Moustiers. L'art du nivellement n'était certainement pas connu quand cette route a été tracée. Après plusieurs montées pénibles on traverse une plaine aride et trop étendue. Tout d'un coup le sol disparaît et Moustiers se présente en face, appliqué aux montagnes qui limitent cette vallée fertile et profonde.

La descente est longue et rapide, mais on ne s'occupe que de Moustiers où il tarde d'être arrivé; des prés en pentes douces, aboutissent au double torrent, dont les eaux se marient ensuite jusqu'au Verdon ; les premières maisons sont assises sur le roc, la ville est séparée par une masse d'eau qui descend de cascades en cascades et que sept chutes successives montrent sous différens aspects. Trois ponts superposés réunissent ces deux parties tranchées par la nature ; une suite de terrasses en arcades assurent les maisons sur les bords de l'abîme, et ceux-ci, humectés par la vapeur des chutes, sont recouverts par des plantes vives et grimpantes. Un clocher primitif est au centre, sa teinte jaunâtre, en attestant sa vétusté, lui donne un caractère vénérable.

On assure que le branle des cloches lui imprimait jadis un léger balancement; on y a mis obstacle en y juxtaposant des clés en fer.

La chapelle de Notre-Dame de *Beauvezer*-Beauvoir domine toute la ville; une rampe taillée en partie dans le roc y conduit, les pointes aiguës des deux montagnes supérieures ont été réunies à la suite d'un vœu.—Un noble chevalier, fait prisonnier en Palestine, promit à la Vierge une chaîne d'argent qui serait appendue de l'un à l'autre des rochers, s'il obtenait sa délivrance, et, s'il trouvait sa dame fidèle.

Il avait probablement mal jugé l'intervalle ou le fond de sa bourse; la chaîne devait avoir deux cent cinquante mètres, et, il fallait qu'elle fût très forte pour pouvoir résister dans une aussi grande longueur. Le ciel heureusement ne veut pas l'impossible; la chaîne fut en fer; chaque tringle d'un mètre est recourbée aux deux extrémités et réunie ainsi à la suivante. Au centre se voit une étoile à cinq raies.

Un méchant — car il s'en voit partout — prétendit que la moitié du vœu ayant seule été exaucée, le chevalier n'avait dû remplir dès lors que la moitié de sa promesse.

Cette chaîne est tombée deux fois. Enlevée une troisième en 1793 comme d'origine trop féodale, elle a été remise en place. Tandis que l'on se préparait à la hisser, une femme vint à passer portant sur sa tête son enfant dans un berceau. On s'amusa à la faire marcher sur toute sa longueur, et il en résulte une mystification pour les étrangers qui, voyant à peine la chaîne, tant elle est haute et déliée, parient hardiment, que jamais personne n'a pu passer dessus, et, paient de fort mauvaise grâce une gageure qu'ils ont cependant réellement perdue.

Pourriez-vous croire que le nom du chevalier est inconnu dans le pays? Les uns disent que c'était un sire de Blacas, d'autres un sire de Penna dont les armes sont plus semblables. — Le fait seul n'est pas contesté.

La chapelle fondée par Charlemagne en 780 a pris la place du rocher; elle ne laisse de passage qu'au torrent qui franchit en bondissant des précipices, avant de mêler ses eaux aux belles sources qui font la richesse et l'agrément de la ville.

Jadis Moustiers était fortifié. Attaqué en 1383 au nom de Jeanne, et vaillamment défendu, il subit à la longue la loi du vainqueur, et ses murailles furent détruites. Des deux portes qui sont restées, l'une, est auprès d'une cascade, tombant en poussière par une haute fissure aboutissant à un chaos.

La forme de cette chaîne de montagnes est majestueuse. Leurs vives nuances s'éclairent au soleil ; leurs contours sont variés et s'étendent au loin, boisés dans certaines parties, à pic dans plusieurs autres.

On parle encore avec vénération, à Moustiers, de la domination des sires de Perier qui, de génération en génération, étaient, de leurs vassaux, « les seigneurs et les pères. »

LETTRE XXII.

On m'avait promis de mauvais chemins pour me rendre à Castellane, aussi n'ai-je pas eu à décompter. J'avais un guide et un mulet ; tous autres moyens de transport sont interdits dans ces contrées. J'ai franchi les hautes montagnes que j'avais admirées la veille et qui, de plus près, me semblaient encore plus belles. Sur les croupes opposées, un château défendait le lit d'un torrent qu'il faut suivre faute d'autre chemin.

Après *Châteauneuf*, la vue est belle. Le Verdon creuse son lit au pied des monts aux formes fantastiques. On croit voir, parmi ces jeux de la nature, des forts crénelés avec leurs tourelles, ailleurs des obélisques, ici des cathédrales ou des vaisseaux voguant à pleines voiles, et plus loin des orgues en harmonie avec ces masses gigantesques soulevées par ces révolutions alpestres, qui semblent n'attendre qu'un prélude pour se mettre en mouvement.

Le moindre coin de terre est cultivé par ces montagnards laborieux, réduits à vivre pendant six mois comme des chrétiens, et, le reste du temps, comme des marmottes.

Nous avons marché sept heures avant d'apercevoir le roc immense au pied duquel est bâti Castellane. On l'appelle *Pietra Castellana*. Le Verdon coule auprès.

Ce fut à la fin du vi[e] siècle, que les habitans s'établirent à sa cime pour se soustraire aux exactions des Saxons et des Lombards ; mais depuis, en 1050, époque où les Castellane en étaient déjà seigneurs, le bourg d'abord, la ville ensuite furent fondés au lieu où ils se trouvent encore aujourd'hui, et, devinrent la capitale d'une petite souveraineté.

Vous voyez que si les Castellane ne descendent pas directement des rois de Castille, ils n'en sont pas moins anciens pour cela.

Il ne reste sur le flanc du rocher que quelques fragmens de murs romains, et, au sommet, une chapelle servant de but de dévotion.

J'ai traversé Soleillas pour me rendre à Saint-Alban. Ma carte m'a mieux servi que mon guide, auquel ces lieux peu fréquentés étaient totalement inconnus.

Lors de ma précédente excursion, j'avais rencontré un bon curé retournant dans son presbytère ; dans son voisinage se trouvait, disait-il, la grotte des Fées et la clue de Saint-Auban, deux des merveilles de la création. C'était l'affaire de quelques lieues, et je me réjouissais de sa surprise.

Cette grotte des Fées, peu connue par les habitans, ne justifie nullement sa lointaine renommée ; nos pieds et nos mains nous suffisaient à peine pour grimper. Il a fallu nous aider les uns les autres pour redescendre, sauter des rochers à pic, retomber sur l'herbe jaunie par le soleil et devenue glissante, nous coucher à plat ventre pour entrer, et, ne trouver qu'un vide de quelques pas et quelques informes stalactites.

J'ai préféré gravir, en revenant, jusqu'au sommet de la montagne, et, diminuer ainsi le danger aux dépens d'un peu plus de fatigue. Bien m'en a pris peut-être. On nous a raconté en arrivant, que deux précédens touristes moins prudens, avaient été broyés par leur chute. Il n'y avait pas de quoi les en dédommager !

Au pied de cette grotte aux mystifications se trouve le passage de la clue de Montauban, sur la nouvelle route qui mène de Grasse à Entrevaux.

La montagne est tranchée à pic à une hauteur prodigieuse, et la rivière de l'Esteron roule ses eaux tout au fond. Le chemin suspendu et entièrement prélevé sur un des flancs, est à quatre-vingts mètres, et, dominé par des cimes bien plus élevées. L'une d'elles est couronnée par les ruines du fort de Saint-Auban.

Les vaux d'Ollioules, que je vous ai vantés, ne sont rien en comparaison de la clue de Montauban; les eaux y sont toujours abondantes et limpides, elles bouillonnent en cascade parmi des rocs immenses détachés de sa masse et roulés par leur impulsion. La route est bien plus hardie, les monts bien plus grandioses et couverts de beaux arbres; on dirait qu'un effort de la nature est parvenu à les séparer pour former ce passage, tant leurs anfractuosités sont semblables sur toute la hauteur. Je n'ai rencontré nulle part rien qui pût y être comparé !

Briançonnet, où, comme partout, se trouvent les ruines d'un château perché, n'en est pas éloigné. On domine plusieurs chaînes des Alpes qui divergent sous diverses formes. Sur le revers opposé, ombragé par d'antiques sapins, de nouvelles masses de montagnes s'éloignent et grandissent sur plusieurs plans, jusqu'à ce que leur tête se perde dans les nuages.

Après plusieurs descentes, plusieurs vallées, de fréquens torrens et un chemin pittoresque, une dernière pente conduit à Entrevaux, que l'on aurait pu nommer *Entremonts* sans scrupules.

Je réserve la description de cette ville et le récit d'une mésaventure pour mon prochain courrier.

LETTRE XXIII.

La position d'*Entrevaux* et son château-fort m'avaient semblé
fort curieux. Cette citadelle, placée sur un pain de sucre dont dix-
neuf cavaliers et trois bastions défendent les approches; cette
ville fortifiée, baignée par le Var, son faubourg si pittoresque, ce
pont jeté sur un torrent, et, surmonté par un aqueduc dont les arcades étaient veloutées par une mousse épaisse, formaient un
point de vue dont je voulais vous faire hommage.

À peine arrivé, épongé, nettoyé, je me suis mis en marche à
cette intention.

J'avais marqué ma place en descendant, et je commençais à
peine à dessiner, lorsqu'un malencontreux garde du génie, s'é-
tayant du prestige de la consigne, s'est obstiné à me traiter comme
s'il voyait en moi l'espion d'une grande puissance; j'avais beau
lui redire, qu'il n'avait affaire qu'à un bien pauvre dessinateur, et
qu'à la distance où je me trouvais, son fort ni la ville ne pouvaient
en aucun cas courir le moindre danger, je parlais à une machine
et mon éloquence s'adressait à un sourd. J'ai dû plier bagage et
revenir en ville d'assez mauvaise humeur, ayant une preuve nouvelle que rien n'est bête comme une consigne — si ce n'est celui
qui prétend la commenter.

Tout cela cependant n'aidait pas à mon projet. J'ai dû prouver
au commandant du génie que j'étais bon Français; que, loin d'en
vouloir à sa forteresse, je la défendrais au besoin contre toutes les
armées qui pourraient y prétendre; et, après lui avoir promis
surtout, que les dimensions de mon dessin rendraient le fort petit,
très petit, imperceptible, j'ai obtenu, par exception, la faveur
que je sollicitais.

Ville et Château d'Entrevaux.

Si j'avais eu , comme Josué, le pouvoir d'arrêter le soleil dans sa course, mon succès eût été plus complet et votre dessin mieux achevé.

On parle encore à Entrevaux de cette jeune fille, qui, faisant partager son énergie à quelques hommes réunis en secret par ses soins, se mit à leur tête, chassa les soldats de Charles V et conserva la ville à François Ier, qui, récompensa son dévoûment en applaudissant à son succès. Toutes les dames de cœur, en France, ne se trouvent pas à Orléans.

Le lendemain était un jour de foire. L'on s'y rendait de toutes parts. Ces bons gavots en habits de fête, leurs mulets, leurs troupeaux donnaient de la vie à toute la contrée.

J'ai côtoyé le Var sur un chemin taillé, pour le soustraire aux envahissemens du fleuve ; ces montagnes sont boisées. Plus loin, et au point culminant, un étroit passage surmonté d'une croix, rappelle l'entrée de la gorge des Eaux-Chaudes. Il faut franchir de fréquens torrens qui vont porter au Var le tribut de leurs eaux ; la voussure des ponts, laisse juger quel doit être leur volume, aux jours d'orages.

C'est après la vallée de Saint-Genest que la Vaire commence ; on suit ses bords riants, on parvient à un chaos tel que celui de Gèdres, si ce n'est que de beaux arbres entourent chaque bloc et qu'une verte pelouse leur sert de base ; de là on aperçoit la ville d'Annot.

Rien de plus pittoresque. L'eau y coule abondante et pure. Une jolie croix couverte est à l'entrée. On traverse une rue voûtée et on voit un clocher curieux, dont les angles supérieurs, surmontés par les bustes des quatre Evangélistes, donnent passage au campanille où les cloches sont appendues.

La grotte Saint-Benoît se trouvait sur mon chemin. Vous me pardonnerez d'y avoir renoncé ; il faut profiter des leçons, et en fait de grotte j'étais blasé. D'ailleurs, il faut être attaché pour

pouvoir y descendre, et, se livrer à la gymnastique, avant d'y
parvenir. J'ai donc passé outre sans scrupule pour faire halte au
Fugeret; mon guide et mon cheval en avaient bon besoin.

Cette vallée de la Vaire est partout aussi fertile. La route parcourt la lisière d'une forêt de châtaigniers et le bord d'un canal
dont j'appréciais l'ombrage et la fraîcheur, surtout, en gravissant
pendant deux heures la haute montagne qui la termine sans y
ressembler nullement, et, au sommet de laquelle est placé le hameau de Saint-Michel; quelques bouquets de sapins et de hêtres
nous préservaient trop rarement de l'ardeur du soleil.

Des pentes rapides nous ont ramenés ensuite sur les bords du
Verdon, toujours caillouteux, rarement fertiles, et jamais pittoresques, sauf les deux endroits que je vous ai cités et qui font de
trop rares exceptions.

En remontant son cours il nous a conduits à *Thorame* : c'est
son seul mérite à mes yeux.

Vous connaissez mon affection d'ancienne date pour la personne
qui porte ce nom et vous savez l'apprécier. Il me semblait que chaque habitant devait avoir, comme elle, esprit, grâce suave et bonté.
Ailleurs, j'aurais trouvé, peut-être, le sol ingrat, les arbres rares,
et les montagnes arides et trop rapprochées. Mais, l'affection est
un prisme au travers duquel tout paraît beau; je n'ai donc rien
voulu voir de semblable, et, j'ai suivi de nouveau l'affreux lit du
Verdon, en traversant Beauvezet et sa riche vallée, et le Villars
tout aussi riant, pour arriver à Colmars à la nuit close, après
avoir marché pendant treize heures.

LETTRE XXIV.

Il faudrait trouver un bon souper et un bon gîte, pour dédommager de semblables journées, pendant lesquelles il faut marcher presque toujours. Ce n'était pas ce qui m'attendait à Colmars.

Après avoir été repoussé dans la première auberge par l'aspect du local, et, surtout par celui de l'hôtesse, il fallut me contenter de la seconde. Vous en devinez le motif?

Colmars est destiné à défendre le cours du Verdon. Une forteresse ancienne vient d'être remplacée par un nouveau fort mieux placé. La ville a des ponts-levis et une chemise; il est peu probable que l'ennemi voulût forcer ce passage. Mais dans ce cas, il suffirait aux femmes que j'ai vues de se montrer sur les remparts pour faire reculer les plus intrépides; et, quant à la fontaine intermittente, qui n'est une merveille que pour les sots, elle résulte de l'infiltration de l'air dans les tuyaux, l'eau s'arrête pour lui donner passage, et recommence à couler quand il s'est dégagé.

Le lendemain, j'arrivais à *Allos* après deux heures de marche sur la glace de la nuit. J'aurais craint vos reproches si j'avais passé outre, sans aller voir le lac, dont chacun parle, et, que vous voudrez connaître aussi.

Nous avons suivi les bords du Chadoulan jusqu'au haut de la montagne de Laus. Rien de plus délicieux pendant une heure et demie; les sorbiers des oiseaux marient leurs fruits d'un rouge foncé aux épines-vinettes et aux feuilles noirâtres du nerprun, pour encadrer le Gave, qui roule ses eaux sur un lit d'ardoise entre des masses de rochers boisés; au dessus, de gras pâturages, plus haut, de noirs sapins, ensuite, d'élégans mélèses aux branches en guirlande, jusqu'à ce que la végétation cesse entièrement à une certaine hauteur.

Le chemin est rapide, étroit et dangereux, emporté fréquemment par la fonte des neiges ou par des éboulemens, une branche couchée y supplée, et, un faible soutien est debout au milieu : c'est là qu'il faut passer ; le précipice est au dessous à une immense profondeur ; on finit par ne plus s'en occuper.

Ici, la nature devient plus agreste ; mais, avant d'arriver aux cabanes, le torrent s'élance par trois chutes successives, de formes variées, ayant chacune dix mètres de hauteur ; à gauche, une cascade encore plus élevée, sort en torrent du flanc de la montagne. La gelée avait glacé ses bords qui formaient une auréole à sa cime ; on eût dit une beauté modeste, entourée d'un voile transparent. Ce beau spectacle m'a retenu pendant quelques instans ; ensuite j'ai gravi de nouveau, suivant toujours le Chadoulan qui, jusqu'à sa sortie du lac, ne forme plus qu'une nappe argentée et bouillonnante.

Une halte était nécessaire ; un déjeuner l'était aussi. La cabane des bergers servit de gîte à mon cheval, et un bloc de granit nous tint lieu de table. Aussitôt après, je montais au lac. Celui-ci n'est pas étendu, mais ses eaux limpides, les grandes masses dont il est entouré, le calme de la nature, un roc placé au centre pour servir de base à une croix, donnant à cette solitude un charme tout particulier

Tandis que je prenais une esquisse, je crus entendre les éclats de la foudre répétés plusieurs fois par les échos voisins. C'était une partie de la plus haute montagne, qui, se séparait de sa cime, et roulait avec fracas au fond de la vallée. Ces débris tombèrent en Piémont. Nous eûmes l'impression de cette belle horreur sans courir le moindre danger, et nous redescendîmes à Allos, au milieu des mêmes émotions causées par la route, et, du même plaisir en suivant les bords de la rivière.

Lac d'Allos.

Après Allos, Lafous; et, un peu plus loin, les sources de cet horrible Verdon que j'étais si heureux de quitter. On s'étonne d'autant plus du triste aspect qu'il présente, qu'à chaque pas, de ravissantes vallées donnent passage aux eaux qui vont grossir son cours, et, aux cascades élégantes, qui semblent gémir, en se réunissant à lui. Celles qui tombent vers sa source sont surtout remarquables parmi tant d'autres.

Une longue montée sur des croupes vertes, et, encore fleuries qui servent au pâturage de nombreux troupeaux, nous a conduits sur la pente opposée, au bas de laquelle est située Barcelonnette. Rien de pareil à ce chemin, il s'y trouve tout au plus un étroit passage, et, si on s'y rencontre, le plus prudent cherche de loin une anfractuosité pour pouvoir s'arrêter.—Il est entre autres, une vallée qu'il faut franchir auprès de Mourjouan, et, par laquelle on descend à pic pendant une heure, pour remonter pendant deux autres heures, toujours suspendu sur des abîmes. —Telle est la *grande route* de Barcelonnette dans cette partie *importante* du département. Je ne vous ai pas promis de beaux chemins. Nous sommes convenus, au contraire, qu'ils manquent aux belles localités; mais vous préféreriez surmonter tous ces obstacles en faveur des sites grandioses qu'ils vous montrent, et, en les comparant surtout, à la large ligne blanche qui traverse Orgon, Saint-Cannat et Septèmes.

Enfin, on franchit à Uvernet la rivière de Bachelard qui sert à flotter les sapins de ces montagnes, et, on entre dans la vallée de Barcelonnette.

Je ne saurais passer outre sans vous raconter quelques coutumes du pays de *Fours* que nous avons laissé au dessus de Mourjouan. Ce sont les femmes qui y sont spécialement chargées des rudes travaux de l'agriculture; les hommes s'expatrient pendant l'hiver pour exercer leurs professions, et, se reposent pendant l'été dans un *dolce far niente*. Pour les baptêmes, le parrain et la marraine doivent être sains de corps et d'esprit. Les enfans, dans le cas contraire, seraient censés soumis à leur influence.

Lors des décès, un banquet public, complète la cérémonie funèbre.

Et, lors des mariages, qui se célèbrent toujours entre les enfans de la localité, la demande se fait la nuit en présence de tous les parens, et, des coups de fusil annoncent le consentement réciproque. Au moment de la célébration, le plus proche parent de la fille, lui présente un verre d'eau, qu'elle doit boire, pour obtenir la pièce d'argent qui est au fond, ce qui lui prouve qu'en ménage, il faut prendre de la peine, avant d'espérer du profit, et, en s'agenouillant à l'autel, l'époux doit placer son genou sur le tablier de la belle, à titre de prise de possession. La cérémonie se termine, en portant la nouvelle épouse sur une pierre placée devant l'église, et, où elle ne peut poser qu'un pied, c'est alors que chacun l'embrasse en passant un anneau à son doigt; un simulacre de combat a lieu ensuite, entre les jeunes gens du hameau de chaque époux, et l'on conduit la mariée dans sa demeure.

Ce n'est qu'après plusieurs formalités, qu'elle y est introduite, et, quand elle a partagé avec son époux, une soupe servie dans une seule assiette, et, mangée avec la même cuiller pour constater le besoin de la communauté, un grand repas est offert à tous les convives.

Chaque fille ne peut apporter en dot que trois robes et quelque menue monnaie; on lui trouve assez de valeur pour n'en pas exiger davantage. Ces mœurs patriarcales ont été conservées, grâce au défaut de contact avec la civilisation ; elles en ont bien plus de prix. Ce sont des traditions des temps les plus reculés. Vous êtes trop jeune encore pour en apprécier le mérite, et je suis convaincu, que les *trois seules robes* n'obtiendront pas votre approbation.

LETTRE XXV.

La vallée de *Barcelonnette* est assez étendue. La rivière d'Ubaye y fait de fréquens ravages. La ville est souvent menacée par ses débordemens.

Sauf une tour carrée qui sert d'horloge et qui date de 1200, il n'y existe aucun autre monument. Je me suis laissé dire un singulier usage. Au temps où la cigale meurt, et, où la fourmi se renferme, les réunions de la meilleure compagnie ont lieu dans des étables. Une moitié, demeure à sa première destination; une cloison, forme la salle où les lionnes de l'endroit vont montrer leurs charmes, et, exercer leur séduction. Des meubles élégans, de jolies tentures, un parquet bien uni servent à la danse, aux concerts et à la conversation. Souvent il s'y mêle des bêlemens inopportuns; mais une douce chaleur l'emporte sur cet inconvénient; l'odeur paraît même suave, et chacun soupire après les frimats et la neige, pour jouir plus tôt des délices de ces réunions.

La vallée s'élargit et se divise au delà de la ville : les villages, les hameaux, les campagnes et les cabanes y sont nombreux. Le premier de tous est *Faucon*, primitivement *Sales*. Les vestiges nombreux que l'on y a trouvés n'ont laissé aucun doute, que ce ne fût le chef-lieu de la colonie des *Esubiens*. Ensuite *Jauziers*, bien plus récent, où se voit une charmante église, qui serait curieuse partout : quatre chapelles latérales, ornées de sculptures, conduisent au maître-autel, plus richement décoré, surmonté par saint Michel archange, armé de l'épée flamboyante avec laquelle il expulsa nos heureux premiers pères, de ce paradis terrestre, où tout pourtant ne devait pas leur être connu; au dessous, des saints, des bas-reliefs et des colonnes ajustés avec goût; une chaire en bois sculpté, une nef hardie et des frises élégantes.

Le cours de l'Ubaye nous a conduits à *La Condamine*, gros bourg divisé en deux parties fort éloignées, dont l'une est sur la montagne.

Lors d'une visite pastorale de l'évêque Miollis, les habitans de la plaine, se plaignaient vivement, du trajet long et pénible qu'ils avaient à parcourir pour se rendre à l'église supérieure, et, lui demandèrent un pasteur pour leur propre compte : « Mes enfans, répondit le prélat, commencez par faire la cage ; nous verrons ensuite à vous donner l'oiseau. »

Chacun se mit à l'œuvre : l'un paya de sa personne, l'autre de ses écus. Une église et un presbytère furent promptement édifiés et la promesse reçut son effet.

Des baraques nouvellement construites sont destinées aux ouvriers qui vont bâtir un fort sur la hauteur de *Tournoux*. Cette belle position militaire remplacera quelques redoutes en ruines, et dominera les vallées de Saint-Paul, de l'Arche, les cours de l'Ubaye et de l'Ubayette, et les deux issues qui donnent entrée au Piémont de ce côté.

C'est à peu de distance, que l'Ubayette réunit ses eaux à celles de l'Ubaye, basses dans ce moment, terribles et funestes lors des fréquens orages, et, à l'époque de la fonte des neiges.

Il était tard, j'avais marché onze heures ; il faisait nuit, j'ai pris mon gîte à *Meyronnes* chez le garde *Puyen*, soldat de la première réquisition, ayant fait toutes les campagnes de la révolution, du consulat et de l'empire, heureux de les raconter et fort amusant à entendre. Il s'était marié à trois cents lieues de chez lui, et avait obtenu une place de garde-forestier, qu'il cumulait avec les fonctions d'aubergiste. Il insistait surtout, sur ses hauts faits contre ces *gueux* de chouans, qui, lui avaient fait suer bien des chemises, et se plaignait de ces *scélérats* de carlistes, au sujet du règlement de sa pension de retraite. Vous jugez que, loin de l'interrompre, je prenais grand plaisir à le laisser parler. Ma chambre était tapissée des Napoléons de toutes les époques, et je me suis endormi au bruit du torrent, qui se brisait avec fracas sous ma fenêtre.

Ce matin j'étais à cheval avant le jour pour arriver à *l'Arche*, divisé en trois hameaux, et, la dernière commune de France de ce côté. Croiriez-vous que chaque façade est ornée d'un cadran solaire — souvent oisif? que tous ont des légendes! et que l'une d'elles était en grec! Quel abus de la science, convenez-en. On monte à gauche vers le lac de la Magdelaine qui conduit en Savoie, et à droite, par la vallée du Lauzannier, sur sa verte montagne où se trouve le lac, qui, laisse échapper par plusieurs étroits passages, cette Ubayette dont nous avons suivi les bords jusque-là.

Il n'y avait pas long temps que les fleurs les plus belles, et telles que *la Flore des Alpes* les offre aux botanistes, avaient fait place au gazon que de nombreux troupeaux semblaient brouter avec délice, avant de redescendre dans la plaine, chassés par les frimats.

La France finit encore ici, et je suis retourné. Je me trouve déjà trop éloigné de vous, ma chère Marguerite; je crois que l'air vif de ces montagnes et cette liberté de la pensée que l'on ne trouve que dans un parfait isolement, me font mieux sentir la vive affection que je vous porte.

LETTRE XXVI.

J'ai laissé mon guide et mon cheval en repassant à Barcelonnette, ils étaient à bout de leurs moyens, et je les ai regrettés,
surtout en voyant le véhicule qui devait les remplacer ; et, si jusqu'à présent je n'ai pas eu la moindre aventure à vous raconter,
— par la raison que je n'invente pas, ma journée d'aujourd'hui
pourra suffire à vous dédommager.

Si l'on n'était entré dans la vallée de Barcelonnette, on serait
tenté de croire qu'il doit être impossible d'en sortir. Cependant les
contours se dessinent, les montagnes semblent se ranger pour
laisser un passage, toujours belles, toujours nobles, toujours boisées, peuplées, et, laissant s'échapper de brillantes cascades qui
semblent toujours plus belles, pour ne laisser aucun regret.

Le conducteur avait donné place auprès de lui à un sale ivrogne
qu'il devait déposer aux *Thuiles*, petit village que nous allions
traverser. Ses propos orduriers, ses insultes, ses provocations nous
avaient inspiré le plus parfait dégoût, lorsque, sautant à terre pour
se livrer à de nouvelles extravagances, l'impulsion de la voiture
le lance en avant, et, le fait rouler entre les jambes du cheval ; il
devait être broyé par la roue. Nous osions à peine regarder derrière nous. Le dieu du vin l'avait sauvé : il n'avait pas une seule
égratignure et demandait encore la goutte à ceux qui cherchaient
à le relever.

En face de *Méollans*, et sur l'autre revers du Gave, l'église et
le presbytère, au centre d'une oasis, montrent un site délicieux.

La route s'abaisse toujours rapidement, au milieu de mille dangers. On en aurait la preuve, s'il en était besoin, par le nombre

de croix indiquant les fréquens sinistres qui s'y succèdent chaque année.

A un contour, si étroit, qu'il avait motivé un des rares garde-fous qui cependant ne seraient pas de luxe sur tout le parcours de la descente, notre conducteur maladroit, accroche rudement, le cheval est jeté en travers, et, la voiture suspendue sur un précipice de plus de huit cents pieds, à la merci d'une branche de pin, qui seule lui servait d'appui.

La secousse lance notre homme, que j'ai le bonheur de saisir dans l'espace, au moment où il n'avait plus qu'à périr. Le cheval s'était arrêté. Un pas encore et trois nouvelles croix étaient plantées à notre intention ! Le conducteur ne nous a pas menés moins vite, et j'attends encore son remercîment.

Peu après nous courions le risque de verser de nouveau, mais cette fois il n'y avait pas de précipice.

Nous nous sommes arrêtés au *Lauzet*. Les eaux de son lac, sans fond, reflètent les belles montagnes dont il est entouré.

Nous avons ensuite toujours suivi la pente au milieu des mêmes dangers et des mêmes beautés, jusqu'au fort Saint-Vincent, que nous avons contourné, quittant alors le cours de l'Ubaye, dont les eaux vont bientôt grossir la Durance, et nous sommes arrivés à *Seyne* sans avoir éprouvé de nouvelles émotions.

C'était assez, convenez-en ! Jamais je n'ai vu la mort d'aussi près, et, pendant aussi long-temps.

Après Seyne, les montagnes et la nature perdent une partie de leur charme. Le chemin est frayé dans le torrent. Cette route est dans l'enfance ; elle a besoin de beaucoup grandir.

La descente du *Labouré* vient de donner lieu à un récent sinistre dont le souvenir a été consacré par un *ex-voto*.

M. le docteur Fabre, se trouvant placé entre un rocher et un précipice, ne put parvenir à les éviter l'un et l'autre. Il devait être mille fois broyé ; il n'avait pas le moindre mal. Le véhicule

avait glissé sur la pente rapide, et, quelques arbustes avaient
amorti le dernier choc. Malgré ce succès, je doute qu'il se livre
volontairement à un nouvel essai de ce genre.

Digne, Digniensium, sous les Romains et *Dinia* sous les Gaulois,
a changé plusieurs fois de place depuis son origine, par suite des
vicissitudes de la guerre.

Cette cité, fut successivement ravagée par les Vandales, les
Goths, Visigoths, Ostrogoths et tous les *Oths* possibles, sans
compter les Lombards et les Sarrasins. Je suis réduit à vous citer
sa promenade terminée par une jolie fontaine, ses belles eaux et
son église de Notre-Dame, édifiée par Charlemagne et abandonnée
à une congrégation de religieuses.

Son portail et ses murs sont assez bien conservés. Il ne reste à
l'intérieur que deux autels, dont celui des âmes du Purgatoire
montrait dans toute leur horreur, les sept péchés capitaux peints
à fresque sur le mur, et, en face de chacun, le supplice qui devait
leur servir de châtiment. L'imagination du peintre s'est un peu
égarée quelquefois. Les rois et les papes, sont plongés plus souvent dans la chaudière d'huile bouillante, comme ayant beaucoup
plus à se faire pardonner. Il est une femme entre autres qui m'a
fait mal à voir ! Qu'avait-elle donc fait, la pauvrette ? Si les femmes
étaient condamnées à expier dans l'autre monde tous les péchés
qu'elles font commettre dans celui-ci, leur sort serait plus digne
de pitié que d'envie.

LETTRE XXVII.

Les bains de Digne sont à peu de distance de la ville. Les eaux y sont abondantes et efficaces ; les douches jaillissent par les fentes du rocher ; les bains et les étuves sont un peu plus éloignés. Il arrive fréquemment que d'innocentes couleuvres se laissent choir dans les baignoires.

L'établissement est sale, incomplet, mal tenu. L'odeur me suffoquait encore, long-temps après que j'en étais sorti. On dit que le propriétaire le veut ainsi, pour assurer à ses bains de Gréoulx une préférence, que les qualités médicales de ceux-ci pourraient rendre incertaine.

On voit auprès la ruine d'un château de la reine Jeanne, posé sur la cime d'un rocher.

La route est belle en quittant Digne. C'était un plaisir nouveau pour moi.

Champtercier, patrie de *Gassendi*, célèbre astrologue et philosophe, qui de simple berger devint professeur dans la capitale du monde savant, et, auquel le département des Basses-Alpes vient de voter une statue, est sur la droite. Plus loin *Maligeay*, un des premiers gîtes de l'empereur à son retour de l'île d'Elbe, auquel sa délicieuse châtelaine assurerait au besoin, une toute autre célébrité.

Ce fut à Maligeay que l'empereur apprit, après une nuit d'angoisses, que par suite d'une imprévoyance qui fut taxée de trahison, la forteresse de Sisteron, récemment désarmée, ne mettrait pas obstacle à son passage, et, qu'il prédit le succès de son entreprise aventureuse !

Enfin *les Mées*, dont le fertile territoire entoure la charmante position. Cette ville doit son nom aux rochers coniques qui la précèdent, et, la dominent. C'était aussi une ville romaine.

Un pont nouveau que l'on termine mènera sur l'autre rive de la Durance. Les habitans des Mées, entrepreneurs et adjudicataires, ne se sont pas mis en peine de la rivière : le pont est à côté — sauf à la diriger ensuite sous les arches. Aussi les eaux, reprenant leur cours à l'époque du premier orage, ne sauraient manquer d'emporter la digue qui mènera au pont, le pont ensuite, et de rendre ces frais inutiles. A chacun son métier dans ce bas monde !

Château-Arnoux est à droite; *Sisteron* vient après. Je suis forcé de vous redire, que ses noirs rochers pressent les flancs de la Durance*. J'ajouterai, que pillée dès son origine, sous le nom de *Segustero*, par les Vandales, elle eut à subir le même sort lors des guerres de religion, sous le nom modernisé qu'elle porte aujourd'hui; que sa position militaire pourrait être utilisée, mais que son fort et ses murs jadis crénelés, ne servent même plus à la défendre contre *le mistral*, que j'y ai toujours rencontré malgré moi. Dieu vous en garde! c'est un terrible fléau.

Je n'ai plus rien de curieux à vous montrer au delà, pas même cette *pierre inscrite* qui présente peu d'intérêt. Je suis donc revenu par *Lure*, montagne entièrement fleurie d'un côté, montagne complètement boisée de l'autre. Une tour est placée au sommet de sa plus haute cime; une chapelle vénérée est au fond de la vallée; dispensez-vous-en si vous voulez me croire.

Ganagobie était aussi un monastère. On y parvenait par deux seules issues. Les Dominicains y avaient une belle église dont la façade richement ornée est bien conservée; mais le nouveau propriétaire, a abattu par spéculation les arbres séculaires qui l'en-

* Suisse et Savoie.

touraient. Ces actes de vandalisme doivent être signalés, et l'opinion publique en ferait justice à défaut des lois.

Le village de Lure forme la crête d'une montagne sur la route de Forcalquier. La vue y est belle, le site pittoresque; le château servait de résidence pendant l'été à l'évêque. Au dessous et à une lieue environ, se trouve une chapelle sous l'invocation de Notre-Dame des-Anges, au fond d'une solitude fort en vénération, et, fertile en miracles, assure-t-on.

Si *Forcalquier* n'eût été sur ma route, je ne me consolerais pas d'y être venu, et, malgré son origine romaine, et, le plaid de Raymond Béranger, et, le titre de comtes que les rois de France prenaient parfois, je ne saurais vous engager à y venir jamais.

Il faut marcher pendant quatre heures, par de bien mauvais chemins, pour parvenir à *Simianes*. C'est là que se trouve le monument romain le plus important du département des Basses-Alpes.

Les savans sont loin de s'accorder sur son origine et sur sa destination. Je profite de mon ignorance, et sans me mêler à leurs discussions, je me bornerai à vous dire, qu'il est mieux conservé à l'intérieur; que le jour arrivait dans la partie inférieure seulement par la porte, et dans le haut par une ouverture ovale réservée au centre de la coupole, ce qui devait être peu agréable les jours de pluie; qu'il se composait de deux rangs de colonnes superposées, dont les arcs forment des niches, et que le château, plus récent, a été bâti tout contre — je ne sais pourquoi. Il ne reste à *Ceyreste* qu'un château moderne entièrement démoli, et un pont romain parfaitement conservé. Singulière destinée des choses de ce monde !

C'est dans la cathédrale d'*Apt* et dans une chapelle construite par Mansard, que sont déposées les reliques de saint Élzéard, dont j'aurai à vous parler bientôt. Si je n'avais affaire à si forte partie, je m'offenserais du silence gardé en toute circonstance au sujet de sainte Delphine, tout aussi sainte et beaucoup plus belle, ce qui n'a jamais nui à l'adoration.

Dans la même chapelle se trouve un autel antique, et en face le futur tombeau du duc de Sabran, pompeusement décoré de l'écusson ducal, et d'assez mauvais goût. Cela s'appelle faire faire son lit d'avance.

Les souterrains de l'église sont curieux et romains ; elle renferme un beau tableau de Murillo qui devrait être restauré, et un autre tableau du xiiiᵉ siècle qui n'est pas sans mérite.

Apt était la patrie de Guillaume de Cabestain. Ce jeune gentilhomme voulut servir le sire de Roussillon et la belle Marguerite de Noves, chaste épouse du suzerain. Ses désirs furent satisfaits. Son beau visage, l'élégance de sa taille, la grâce avec laquelle il maniait la lance, dans les joûtes que formaient les jeunes hommes, pour s'exercer aux fatigues de la guerre en présence de Marguerite, son talent pour la poésie, lui valurent la faveur de Raymond de Roussillon et un regard de la châtelaine, dont il avait mérité d'être nommé écuyer.

Raymond était loin de ressembler à Guillaume; d'ailleurs il chevauchait en guerre, et le service du page ainsi que son jeune âge le retenaient dans le manoir ; une douce sympathie s'établit bientôt entre eux. Ils étaient si beaux l'un et l'autre!.... Mais, la pureté de leur affection ne put suffire à conjurer l'orage qui devait gronder sur leurs têtes. Des envieux—il y en eut toujours—prévinrent l'époux jaloux à son retour. Cabestain parvint à le tromper par le récit de tous autres amours; mais la tendre Marguerite, induite en erreur à son tour, ne put supporter la douleur d'avoir à craindre une rivale; son imprudence causa la perte de Cabestain! Raymond, furieux de s'être montré trop crédule, fut attendre le page et le perça à coups de lance.

Après le repas, Raymond demanda avec ironie à Marguerite comment elle avait trouvé le mets servi devant elle, et dont elle

seule avait mangé.—Excellent, répondit la comtesse.—Je le crois
bien, reprit Raymond, c'était le cœur de votre page, de Guillaume
de Cabestain!—S'il en est ainsi, dit Marguerite, je n'ai donc plus
qu'à le suivre au tombeau, car je n'ai jamais aimé que lui, et désormais vous me feriez horreur!

Raymond voulut vainement prévenir son funeste dessein; hélas! il n'était plus temps, la *verrière* était ouverte et son beau
corps, mis en lambeaux par la pointe des rochers, vit s'exhaler son
dernier souffle en répétant le nom chéri de *Cabestain!*

Ceci était en 1181. L'histoire du sire de Coucy et de Gabrielle
de Vergy, qui date du xvᵉ siècle, ne fut donc qu'une redite, ou
une imitation de la légende que je viens de vous raconter.

Comment vous dire, après un trait aussi tragique, que les meil-
leures confitures se trouvent à Apt et que je vous en rapporterai
la preuve?

Ce doux souvenir terminera cependant ma lettre.—Il vous sera
plus agréable, je l'espère, que l'horrible repas de la malheureuse
châtelaine.

LETTRE XXVIII.

Je n'ai rien à vous raconter du pont Jullien, il est au delà de
nos limites. Son nom vous fait assez connaître son origine, il
continue l'ancienne voie romaine qui conduisait à Carpentras.

Nous monterons long-temps, et, au milieu d'une longue descente, nous trouverons la chapelle délaissée de Saint-Symphorien,
avec son élégant clocher de forme carrée portant à chaque face

trois colonnettes, surmontées d'un arc doubleau à l'étage supérieur, et qui marque l'entrée de la vallée de *Buous*.

Cette terre nous a appartenu ; je tenais à savoir ce que 1793 en
avait fait.

La gorge se bifurque à gauche ; l'une mène à la vallée de *Syvergues*. Nous avons commencé par l'autre.

Des prés, un chalet, une source sont à l'entrée ; au delà, une
forêt de chênes antiques consacrée par les Druides à la célébration de leurs profonds mystères ; enfin le château construit sur les
ruines du temple, ayant les attributs de la puissance féodale. Le
pont-levis et les tourelles, la triple entrée voûtée conduisant aux
plates-formes, au donjon, et, au manoir principal, le beffroi, les
préaux, les escaliers de ronde et les machicoulis.

On avait savamment marié aux constructions anciennes, un château moderne, qui leur servait d'avant-corps, sans nuire à leur
ensemble. Le reste est assez conservé ; le manoir, plus récent,
brûlé et ravagé, ne montre plus que sa carcasse : peu de chose le
remettrait dans son ancien état, et, malgré ma philosophie, j'ai
emporté un regret, par suite de la vente nationale de cette délicieuse retraite.

La vallée de *Syvergues* est plus sombre, ses sites sont plus
sauvages, ses arbres plus majestueux. Elle conduit à l'ancien fort
de Buous, vaillamment défendu, pris par trahison et ruiné lors
des guerres de religion, ce qui donne à cette contrée beaucoup
de ressemblance avec les environs de Baden, et, les belles parties
de la Forêt-Noire.

En reprenant la grande route, la nature change. Les montagnes
se resserrent tantôt boisées, tantôt ardues, mais toujours grandioses et colorées. Quatre ponts bien jetés, servent à franchir quatre fois le torrent pour trouver un passage sur les flancs du rocher. On dirait le trajet de Pierrefitte à Luz ! les Pyrénées n'y
sont pas plus belles. Cela s'appelle *la Combe de Lourmarin*.

Manosque, ancienne commanderie de l'ordre de Malte, possède le tombeau de Gérard de Tenque qui en fut le fondateur, et un sarcophage dans lequel on baptise les enfans. Cet emploi de la mort pour commencer à vivre, vous semblera très philosophique.

Pertuis montre encore quelques restes de murailles crénelées, qui suffirent à sa défense, lorsque le duc de Savoie vint l'assiéger en 1591, et, une cathédrale assez ornée, dans le genre des églises d'Allemagne.

A une heure de marche de Pertuis, le château de la Tour-d'Aigues déployait naguères ses modernes magnificences. Après avoir appartenu aux sires de Sabran comme une dépendance de la terre d'Ansouis, la Tour-d'Aigues échut, par héritage, à la maison de Sault, puis au maréchal de Lesdiguières, avant d'être acheté par ses possesseurs actuels.

Il paraît que ce château fut reconstruit vers le xiv° siècle ; sa tour, d'origine romaine, continue à en occuper le centre. Ce fut autour que le château moderne, réunit le luxe des constructions à l'élégance des ornemens.

Un arc de triomphe, richement décoré, séparait la cour principale du pont, jeté sur les fossés, creusés autour de son enceinte. Des deux côtés, mais à distance, se trouvaient les corps de logis prolongés en ailes sur toute la longueur, et, se terminant à l'est par des tours élevées, destinées à l'agrément, et nullement à la défense. Le côté du midi s'élevait en terrasses et dominait toute cette vallée. L'aile gauche montrait le parc, et, une immense pièce d'eau ; au delà, toute la plaine, et, les hautes montagnes du Liberon ; ses vastes souterrains sont encombrés par une partie des démolitions.

Catherine de Médicis y séjourna en 1579, mais Nicolas de Bouliers, baron de Cental, y dépensa quelque temps après des sommes énormes, lorsque Marguerite (cette première femme du bon Henri, qui sut si peu l'apprécier, ainsi que cela se rencontre quelquefois en ménage), et, dont le baron était éperdûment épris, lui promit de le visiter. Il l'avait en effet rendu digne de recevoir la souveraine du royaume, et, celle de ses affections.

Beaucoup de résidences royales, et, surtout Neuilly, ne pourraient être comparées à la Tour d'Aigues.

Nous reviendrons aux bords de la Durance et nous traverserons Villelaure pour nous rendre à Ansouis. Villelaure, qui a subi tant de transformations industrielles, avant de retrouver sa première destination, où de vastes bâtimens consacrés à une fabrique délaissée de sucre de betteraves, suffiraient à loger trois régimens, et sont livrés désormais à la dégradation.

LETTRE XXIX.

C'est en face de cette fabrique, que s'ouvre la vallée qui conduit à Ansouis, rendu célèbre par *saint Elzéard de Sabran*, dont je vous ai montré le tombeau à Apt, et par *sainte Delphine*, sa femme.

L'église a remplacé l'ancienne salle d'armes. L'autel dédié au saint couple, est orné par un tableau, où ils sont représentés l'un et l'autre, vêtus d'un riche costume du temps, et coiffés d'une couronne de marquis. On a placé dans l'épaisseur du cadre divers sujets rappelant la jeunesse du saint, sa mort et ses miracles. Le plus méritoire fut sans doute, d'être resté, malgré le proverbe, prophète dans son pays, où il est encore l'objet de la plus grande vénération !

La partie du château d'alors, est au nord et sur le roc. Les villes

de *Lourmarin*, de *Cucuron*, etc., servent de plan intermédiaire
à la chaîne du Liberon; l'autre côté descend en terrasses jusqu'aux approches du torrent, et, l'on gravit, à l'aide d'une pente
bien ménagée, et, ombragée par des bois toujours verts.

On nous a montré le puits profond où les condamnés étaient
précipités, et, où s'opéra l'un des miracles *, de sombres prisons,
et, la salle des chasses, où quelques fresques sont effacées ; le
surplus n'est que grand sans être autrement curieux, la renommée du saint en fait le principal mérite.

Les habitans de *Cadenet* ont profité des excavations nombreuses, qui se trouvaient dans le roc au dessous de leur château
détruit, pour y établir des demeures, en attendant, que ces hôtes
téméraires soient écrasés par leur chute, ce qui ne saurait manquer d'arriver.

Une partie de cuve antique en marbre de Paros, et, sculptée avec
grand soin, sert de fonts baptismaux à la principale église. Tout
ce qui en reste est intact; divers sujets qui ne sauraient s'adapter
à leur nouvel usage, n'ont pu être expliqués par les érudits qui
s'en sont occupés. Vous jugerez que c'était m'éviter la peine d'y
penser.

Ce bain, d'origine grecque, appartenant jadis sans doute à
quelque prêtresse ou à quelque Laïs célèbre, lave aujourd'hui la
tache originelle des habitans de Cadenet. Ainsi, aux jouissances
du luxe, a succédé le symbole de la chrétienté.

A gauche du pont, et, sur la rive opposée de la Durance, était
l'antique château de Janson, il en reste des prisons souterraines
et quelques tuyaux de cheminée. Vous voyez que ces extrêmes
ne se touchent pas. Plus bas, les prises incertaines du canal de
Craponne, que nous cherchons à fixer en tranchant le roc dans
cette partie. Ensuite *Sylvacanne*, ravissante conservation du

* 1525.

xi° siècle, que le gouvernement vient d'acheter, et, qu'il aurait dû soustraire plus tôt aux injures du temps, et, à l'abandon coupable de ses propriétaires; des lierres, et, une puissante végétation recouvrent en partie ses murs épais. On y entrait par un beau cloître, dont les voûtes arrondies, et, les arceaux encore résistans, soutenus par des doubles colonnes, ont défié les injures du temps. Le réfectoire à voussures en ogives, à nervures plusieurs fois répétées, et, portées par des pilastres cannelés, est devenu une étable, mais sans autres mutilations; la cuisine de la ferme a remplacé un élégant cellier; à gauche de l'entrée, une première église sert d'asile à de nombreux pigeons, c'est la partie au nord de l'édifice. De l'autre côté se trouve l'église principale, formée d'une triple nef, communiquant par trois travées, en face desquelles étaient placés autant d'autels.

Sa croix latine est formée par deux doubles travées, encadrant l'autel principal.

Les jours ménagés par des ouvertures, larges au dehors, et, se rétrécissant vers ses parois intérieures, donnaient à l'édifice cette teinte mystérieuse, si favorable à la méditation.

A l'extérieur, vers l'est, les logemens des pères, dominaient de vastes jardins arrosés par une source abondante et limpide, et, tout le cours en amont de la Durance.

Un campanille carré, au milieu duquel une colonnette placée sur chaque face, formait un double ceintre, surmonté par quatre flèches élégantes, contenait la cloche, qui, annonçait au loin le recueillement et la prière.

Sylvacanne est une des dégradations les moins maltraitées de notre époque. Je ne saurais compter sur sa restauration; contentons-nous de dormir en paix sur ce qui reste.

Le moderne château de la Roque a remplacé le vieux donjon, perché, sur la plus haute cime des montagnes voisines. Ces débris sont encore menaçans. Quelle puissance devaient avoir

Abbaye de Sauvemajeur

ceux qui se plaçaient si haut pour l'exercer! Mais aussi quelle sécurité, alors qu'on se trouvait sous leur dépendance, et, qu'on avait droit à leur protection.

La féodalité des derniers siècles n'était hostile qu'au souverain auquel elle portait ombrage; le jour où les suzerains ont échangé leurs manoirs, contre le séjour des cours, et leur prépondérance, contre les chaînes dorées qu'ils allaient solliciter, tout a été dit pour eux, ils ne pouvaient plus espérer de reprendre leur position; leur puissance et leurs abus n'étaient plus, lors de la première révolution, qu'un prétexte pour ceux qui en voulaient à leurs propriétés et à leurs personnes. Ceux-ci ne s'attendaient même pas, à trouver autant de gens crédules, qu'ils transformèrent en démolisseurs.

La route des Bois nous a fait suivre agréablement le parcours du canal de Marseille, en visitant avec détail les travaux que je vous ai déjà décrits; au dessus était Valbonette, et, ses rochers boisés. Au dessous, Charleval et les riches plaines fertilisées par le canal de Craponne; dans le lointain, Malemort; en face les travaux et la montée des Taillades, jadis redoutée à cause des assassinats qui se commettaient à l'abri de ses bois, aujourd'hui dénudés de manière à ne laisser aucune crainte.

Je ne serai pas assez exigeant pour vous faire gravir au Vernègues. Vous renonceriez à me suivre, ma bien-aimée fillette, en voyant seulement le plateau élevé, auquel il nous faudrait atteindre. D'ailleurs, un ancien camp entouré de fossés comblés, et plusieurs tombes de la même époque ne seraient pas un dédommagement suffisant, pour autant de fatigue.

Bornons-nous donc à visiter ensemble l'ancienne demeure des marquis du Poët, et, à admirer auprès, les restes d'un temple, dédié, s'il faut en croire une inscription assez bien conservée, à *Jupiter tonnant.*

Ce temple, à en juger par ce qui reste, devait être d'une rare

élégance. Ses fondemens sont intacts. Des marches occupant toute
sa largeur conduisaient au péristyle. Une colonne cannelée, jumel-
lée avec un pilastre qui soutenait ses murs, l'encadrait de chaque côté; ensuite le temple, divisé dans sa longueur par égales
parts.

Lorsque la vétusté, ou la superstition, eurent causé la ruine d'une
partie du monument, l'on y accola une chapelle en demi-rotonde,
où l'on entrait par l'un de ses murs latéraux. Cette annexe devait
dater du viiie siècle. Depuis, l'autre partie a été polluée par une
bergerie qui s'est détruite d'elle-même. On aurait dû proscrire
ces débris, qui jurent auprès d'aussi précieux vestiges.

LETTRE XXX.

Je persiste dans mon opinion, ma bien chère Marguerite. Les
lieux que je viens de vous décrire, ressemblent heureusement fort
peu, à tous ceux que vous avez parcourus. Aussi, fidèle à mon sys-
tème, je vous ferai rétrograder de quelques pas pour traverser
Lambesc, ville où se tenaient autrefois les états de Provence, et
qui formait une des principautés, dont les aînés de la maison de
Lorraine prenaient le titre. Il n'y reste que deux poupées, nom-
mées *Jacques-Marc* et *Marie-Jeanne*, juchées sur la vieille tour
de l'horloge, et qui semblent se rouer de coups toutes les fois que
l'heure sonne. J'espère, en l'honneur des bonnes mœurs, que tel
n'est pas le type des ménages du lieu.

Nous prendrons à *Saint-Cannat* la jolie vallée arrosée par la
Touloubre. Nous nous arrêterons à *Valmousse*, où l'esprit n'exclut

pas la bonté ; où l'hospitalité a tout son charme ; où un homme
de talent, élève de David, a quitté naguères ses pinceaux, pour
initier ses amis, à l'aide d'une plume savante, aux plus secrets
mystères du cœur humain.

C'est à Valmousse que se trouvent ces importans travaux du canal de Marseille que je vous ai cités plus haut.

La route tracée au travers des bois, nous conduira à *Labarden*,
antique manoir de la branche aînée de la famille de Forbin, vendu
par le roi René à Jean de Forbin, en 1474, et où l'on voit encore
la tour de Palamède, où fut, dit-on, signé, peu d'années après,
le grand acte qui donnait la Provence aux rois de France.

Ce château vraiment féodal, domine le cours de la Touloubre,
devenue rivière, et toute la fertile plaine de Pelissanne. Assis sur
un roc isolé dont il occupe toute la cime, on s'étonne devant ses
tours construites sur des précipices, ses murs crénelés, son pont-
levis incomplet, et l'on admire ses châtelaines, heureusement bien
plus modernes, et, dont, si l'on suivait l'antique usage, chacun
briguerait l'honneur de porter les couleurs.

L'église a remplacé un ancien couvent de templiers.

Pelissanne, fertilisé par Adam de Craponne, dont le génie avait
devancé son époque, et, qui mourut insolvable, et, victime de la
jalousie, après avoir noblement enrichi son pays.

Salon, patrie de ce même Craponne, en faveur de laquelle il
avait conquis sur la Durance les eaux bourbeuses, qui, délaissant
leur limon sur ses rocs dénudés, et, sur ses plaines recouvertes de
cailloux, devaient les transformer en prairies et en vergers, jaillir
sur des fontaines, et, fertiliser dix-sept communes.

Salon, où il était porté en triomphe le jour où cette eau qui
semblait un problème impossible à résoudre arrivait à grands
flots, grâces à ses savantes études ; où la population tout entière,
allait, précédée du Saint-Sacrement et chantant des actions de
grâce, la recevoir à ses limites ; et, devait plus tard abuser de ce

bienfait, en dénier la gloire à son auteur, et, le laisser mourir dans
la misère sur un sol étranger, malgré les trésors qu'il lui avait
légués.

Cette ville est charmante. Rien de plus frais que ses boulevarts,
de plus élégant que son château, dont les tours crénelées se voient
de loin. L'église Saint-Michel renferme le tombeau de Michel
Nostradamus, ce savant astrologue, et, meilleur médecin, mort en
1565, après avoir laissé des centuries assez obscures, qui, avaient
établi sa réputation comme prophète, par la raison que la multitude admire toujours ce qu'elle ne saurait expliquer.

En suivant le cours du canal de Craponne, et toujours au milieu d'un pays varié, nous trouverons *Lamanon*, son parc arrosé,
son joli séjour et ses roches boisées. Quelques uns voudraient dire
que la Durance y avait son lit, et, que c'était par ce passage qu'elle
avait couvert le Crau de ses cailloux. Ce fait ne saurait être croya-
ble; cette surface unie, cette plaine ayant neuf lieues de tour et
s'étendant régulièrement, ne sauraient nullement provenir du lit
sinueux et ondulé d'un torrent. Je ne prétends pas en connaître
la cause, mais j'affirme que ce n'est pas celle-là.

Les rochers d'*Argon* ne sauraient être embellis, je l'avoue;
aussi nous hâterons-nous de passer outre, après avoir déposé notre
modeste aumône, entre les mains de la sœur Ursule, vrai type de
la charité, qui sollicite les passans en faveur de son hospice, et
qui, à l'aide de cet unique secours, trouve le moyen, depuis plus
de trente ans, de faire des miracles. — Je vous chargerai de mon
offrande, ma bien chère amie. Votre bonne grâce lui donnera bien
plus de prix.

LETTRE XXXI.

Nous allons côtoyer le revers des Alpines et leur cime dentelée. Nous laisserons à droite *Romanie*, où siégeait, s'il vous en souvient, la troisième cour d'amour.

Elle avait eu à se prononcer sur un cas assez grave.

Une dame avait accueilli l'hommage d'un vaillant chevalier; elle lui avait permis de porter ses couleurs et de la proclamer la plus belle entre toutes. Lui s'était engagé à combattre et à vaincre pendant un an en son honneur.

Le guerrier se conduisit noblement. Il revint au bout de l'année, menant à sa suite trois chevaliers vaincus, qui venaient se mettre à la merci de la châtelaine. Seulement, un des trois avait fait acheter chèrement sa défaite; notre héros portait les traces de sa valeur : un coup de lance l'avait privé d'un œil en lui faisant une large blessure!

La dame prescrivit une épreuve nouvelle; on se rendait à la croisade, et pendant encore une année, le chevalier devait combattre pour le triomphe de la foi.

Celui-ci, loyal autant que brave, ne pouvait soupçonner que ce nouveau délai cachait une défaite. Il part pour la Palestine, fait des prodiges de valeur, et, revient, rapportant un cœur plus épris et de nombreux trophées, qu'il croyait trop peu payés, au prix d'un bras laissé à la bataille.

Cette fois il ne voulait admettre aucun retard; l'épreuve avait été plus périlleuse, et, la main de la dame devait en être la récompense.

Hélas! la perfide s'y refusait; elle avait promis, disait-elle, d'aimer un chevalier complet, sain de corps et d'esprit, et, pourvu de tous ses membres. Celui qui réclamait sa foi n'ayant plus ces avantages, elle prétendait être dégagée de son serment.

Le paladin, tout au contraire, faisait valoir son dévoûment et son amour. Sans l'exigence de la belle et les travaux qu'elle avait prescrits, il fût demeuré tel qu'il était alors qu'elle avait reçu ses vœux; il avait donc de nouveaux droits à sa personne! — Il ignorait que le cœur d'une femme est moins facile à fixer que le sort des armes.

Toutefois, celle-ci résistait; elle promettait d'essayer d'aimer encore, mais à une condition. Un époux borgne et manchot prêterait trop au ridicule; rien ne devait être incomplet dans la nature. Elle exigeait le sacrifice du bras et de l'œil qui restaient au chevalier! Cette preuve d'amour anoblirait son sacrifice. Sans elle il ne lui restait aucun espoir!

Il refusa et fit fort bien! La perfide ne cherchait qu'à motiver sa résistance; un autre avait séduit son cœur. Tandis que le paladin chevauchait, les trois guerriers captifs étaient demeurés auprès d'elle. L'un d'eux avait su plaire, et pour comble d'outrage ce fut celui dont la défaite avait été funeste au chevalier. Elle voulait se dégager à tout prix pour pouvoir faire son bonheur.

Les absens, — même alors, couraient de grands dangers; comment s'étonner s'il en est de même de nos jours?

L'affaire fut portée devant la cour d'amour de Romanie.

Qu'eussiez-vous fait? Veuillez le dire... Je vous raconterai après le jugement.

Ce noble manoir et son antique gloire, ont fait place aujourd'hui à une productive industrie, qui prendra plus de développement encore, à l'aide des eaux des Alpines destinées à rendre ses terres plus fertiles.

La ville de *Saint-Remy* a remplacé l'ancienne *Glanum Livii*. La maison de *Saint-Paul* offre un refuge et parfois quelque soulagement aux malheureux atteints par la folie. Le docteur Mercurin est parvenu à guérir quelques uns de ces infortunés, et, à adoucir le sort de plusieurs autres à force de douceur et de distractions. C'est un grand bienfait pour la pauvre humanité. Quel est celui qui peut répondre de se soustraire à la folie? Les grandes joies sont rares, mais les profonds chagrins ne le sont pas, et les uns et les autres peuvent produire ce résultat. Auprès de Saint-Paul et sur la route de *Mouriez*, nous trouverons l'arc de triomphe et le mausolée au sujet desquels on n'est pas parvenu à s'entendre. Les uns les attribuent tous les deux à Caïus Marius; les autres les classent à deux époques séparées: l'arc de triomphe serait dû à Jules César, et le mausolée à Antonia, plus de cent cinquante ans après. Les inscriptions, dont une est bien conservée, n'apprennent rien à ce sujet. Pour vous tout dire cependant, j'ajouterai, selon plusieurs, que *Nero Claudius Drusus*, fils de Livie et beau-fils d'Auguste, étant mort, après de nombreux triomphes, d'une chute de cheval, reçut l'arc de triomphe pour honorer sa gloire, et, le mausolée pour conserver sa dépouille mortelle.

Choisissez si vous le voulez, je n'y mets nul obstacle et j'adhère d'avance à votre décision. Nous poursuivrons ensuite vers la ville *des Beaux*, célèbre par les prétentions des seigneurs de ce nom à la souveraineté de la Provence, par l'ancienneté de leur nom, qui remonte à 940, et par les guerres qu'ils soutinrent dans l'espoir de réussir.

Raymond se désista en 1148; mais ses successeurs firent de nouvelles tentatives, et long-temps après — 1432 — leur château fut détruit, pour les mettre hors d'état de nuire. Ses immenses ruines témoignent de son importance. La ville fut peu à peu abandonnée; les plus belles maisons servent de demeure aujourd'hui aux plus simples cultivateurs.

Si vous voulez ajouter foi aux traditions populaires, vous tiendrez pour certain, que trois figures sculptées dans le roc, représentent les trois Maries, qui, s'étant mises en prières en cet endroit, y laissèrent leur effigie. Je me garderai de vous le garantir. Mais n'ayant rien de plus curieux à vous raconter, nous descendrons ensemble à la vacherie de la reine Jeanne, transformée en moulin à huile, et dont le propriétaire a eu le bon esprit de conserver avec soin les vestiges, qui datent de la renaissance, sont nombreux, de la meilleure conservation, et, du travail le plus délicat. Le plus en vue est une frise supportée par des colonnes cannelées. Nous reviendrons à Saint-Remy. Le gîte est bon, les hôtes gracieux ; c'est chose rare quand on voyage : il faut savoir en profiter.

LETTRE XXXII.

La route n'eût pas été plus longue, en passant par *Maillane* et par *Gravaison*, pour se rendre à Tarascon. Maillane conserve encore des restes de ses vieux remparts, qui lui donnent un air d'importance, et une promenade bien plantée. Son ancien seigneur, spirituel et méchant autant qu'il était bossu, disait en parlant d'une dame, qui l'avait sacrifié à quelqu'un que le respect m'empêche de nommer, qu'elle était en effet, assez belle pour un aveugle, et, assez aimable pour un sourd.

Auprès se trouvent les deux tours de *Château-Renard*, dominant le cours de la Durance, le château de *Barbantane*, charmante construction moderne, et l'île de *Valabrègue*, qui me rappelle l'anecdote que vous allez lire.

***, natif de Valabrègue, s'était engagé fort jeune dans les hussards pour acquérir de la gloire et pour voir du pays.

Suivant l'usage à cette époque, usage qui a trouvé depuis bien des imitateurs, il avait adopté le nom de son village.

L'avancement n'arrivait pas vite ; il avait fait plusieurs campagnes, et, n'était encore que sous-lieutenant. Il lui fallait chercher d'autres moyens de faire fortune ; il était décidé à n'en pas perdre l'occasion.

Mme Catalani chantait à Dresde où notre jeune homme était en garnison ; il apprend qu'un vieil Anglais, fort riche, et, enthousiaste de son talent, a obtenu le droit de lui servir de père, qu'elle fait à ce titre les honneurs de la maison, et que chaque soir il occupait à l'orchestre une place réservée pour être plus à portée de la voir et de l'entendre.

Le plan de Valabrègue est bientôt fait, il arrive de bonne heure et s'établit auprès du mélomane ; écoute d'abord avec recueillement, s'exalte ensuite par degrés, et, au milieu d'une roulade, saisit son voisin avec un tel transport, que celui-ci pousse un grand cri qui interrompt le spectacle.

Chacun s'émeut, et, l'on raconte qu'un jeune officier fou de musique, a été tellement impressionné par le talent de la chanteuse, qu'il avait failli, dans son transport, étouffer un inconnu auprès duquel il se trouvait.

Mme Catalani voulut connaître Valabrègue. Le lendemain, mylord s'empresse de le lui présenter ; elle le retient à souper, le trouve aimable, — tant la flatterie exerce de séduction sur les femmes, et, deux jours après, lui fait donner sa démission pour l'épouser et le rendre ainsi propriétaire de sa voix et de sa fortune, à la seule condition qu'elle conserverait le nom sous lequel elle s'est fait connaître.

Bouche et Tristan parlent du *Drac de Tarascon*. Je ne saurais citer que la Tarasque qui a donné son nom à cette ville.

Son antre était aux bords du Rhône dans un rocher creusé, d'où le monstre s'élançait sur tous ceux qui traversaient le fleuve

et les dévorait ensuite. Sainte Marthe le dompta avec l'aide de
Dieu, et en délivra la ville après l'avoir enchaîné avec son écharpe.
Chaque année, au **29 juillet**, la bête, en toile peinte, est prome-
née en grande pompe dans la ville ; la jeune fille la plus sage rem-
place Marthe ; parfois, en souvenir de ses méfaits, la Tarasque
se précipite brusquement sur la foule, en culbutant les moins
alertes et le peuple applaudit.

Le tombeau de sainte Marthe est dans une chapelle souterraine
et en grande vénération ; il se trouve quelques bons tableaux dans
le chœur de l'église. Le château est auprès, terminé par le roi
René pour défendre le cours du Rhône ; il a été témoin de bien
des horreurs pendant la tourmente révolutionnaire, et sert aujourd'hui de prison d'État. Le beau pont en fil de fer qui rallie
Tarascon à Beaucaire, semble devoir être la seule communication qui puisse exister entre ces deux villes toujours rivales.

Nous laisserons, à gauche, en suivant les bords du fleuve, la
chapelle de *Saint-Gabriel*, gracieuse conservation du moyen-âge,
et nous viendrons admirer à Arles les puissans vestiges de la domination romaine.

Redites-moi, Marguerite, que mes récits ont pour vous quelque charme, et je trouverai du courage pour achever mon entreprise.

LETTRE XXXIII.

Arles, ancienne capitale des Gaules, fut très probablement
fondée par Jules César. Ce serait à tort qu'on voudrait lui donner
une autre origine. Cependant les amateurs de l'antiquité vou-

draient la faire dater de la Genèse ou tout au moins du temps du roi Priam.

L'empereur Constantin l'embellit, et, donna son nom à la partie de la ville située à gauche du fleuve. L'autre s'appelait Saint-Geniez. Son commerce devint alors florissant, sa culture féconde, et ses femmes méritaient déjà cette renommée de beauté, qui les rend si remarquables.

Ses arènes, rivales de celles de Nismes et préférables, selon plusieurs, furent changées en forteresses au temps où les Sarrasins s'en étaient rendus maîtres. Quatre tours carrées furent édifiées par eux, pour dominer les quatre portes; il en reste deux encore dont la construction ne laisse aucun doute sur leur origine.

Ce vaste amphithéâtre, orné à l'extérieur de deux rangs de portiques superposés, avait dans sa partie supérieure 389 mètres de circonférence; les murs avaient 34 mètres d'épaisseur, et l'arène proprement dite 143 mètres sur 106 mètres de diamètre. Trente mille spectateurs pouvaient y prendre place.

Ainsi que celui de Nismes, d'avilissantes habitations avaient été construites parmi ses antiques arcades. Elles ont été récemment démolies, mais non sans avoir laissé de funestes traces.

On travaille depuis plusieurs années à déblayer l'ancien théâtre; la Vénus, fait présumer, que d'autres statues s'y trouvent enfouies. Ce chef-d'œuvre doit stimuler le zèle de l'autorité locale chargée de diriger les fouilles. Déjà l'on avait la porte principale surnommée la Dominante, et deux colonnes de l'avant-scène. La scène et une partie des gradins ont été découverts plus récemment. Il faut du temps, des soins et de l'argent, pour de semblables recherches. Espérons au moins, que la ville ne se laissera pas déshériter des résultats qu'elles doivent produire.

L'obélisque forme le centre de la place principale; sa hauteur est de 20 mètres, il a 2 mètres 33 centimètres à sa base; brisé

28

lors de sa chute, il a été rajusté à l'aide de quelques barres en fer.
D'un côté l'Hôtel-de-Ville, de l'autre le Musée qui ne contient, je
l'ai dit, que des brisures, tandis que les siècles de domination
romaine auraient dû le rendre justement célèbre. En face, Saint-
Trophime et son portail, que l'on admire comme un des chefs-
d'œuvre du genre gothique.

Dédiée à saint Étienne, en 790, cette église passa à saint Trophime en 1100, et fut décorée, en son honneur, en 1300, de sa
riche façade; son cloître et ses tableaux mériteront votre attention.

La peste de 1720 fit aussi ses ravages à Arles; tous les notables
furent victimes de leur dévoûment, et une partie de la population
succomba sous le fléau; vous savez que Porcellet, le seul Français
que ses vertus firent épargner lors des vêpres siciliennes, était origi-
naire d'Arles et y portait un nom justement vénéré.

Nous ne trouverons que des ruines à l'ancienne abbaye de la
Major; celles de la chapelle de Sainte-Croix sont mieux conservées et plus pittoresques.

Le Rhône qui se bifurque au dessus d'Arles, forme un Delta
qui s'appelle *Camargue*, la mer le borde à son extrémité et en fait
une île considérable; plusieurs tentatives incomplètes, n'ont pu
en opérer le dessèchement, à cause des filtrations sous-marines qui
s'y opèrent journellement, et, par suite des fonds insuffisans employés pour les combattre.

Ce serait le Rhône qu'il faudrait amener dans ces étangs et sur
ces parages, pour les colmatter à l'aide de ses eaux vaseuses. Ce
seraient des millions que l'on devrait y consacrer, et le bénéfice
serait immense! Jusque là, il faut s'attendre à de constantes déceptions, à de fréquentes épidémies, et se borner à chercher en
Camargue une race de chevaux appauvrie par le besoin pendant
l'hiver, éreintée par le travail aux temps chauds, et qui, cependant, rappelle encore la race arabe, que saint Louis ramena de la

croisade, ou ceux, que les Sarrasins avaient abandonnés en ces lieux.

Si on croisait cette race avec soin, si on choisissait les poulains, si on les mettait à l'abri en leur donnant une nourriture suffisante, le luxe et l'armée y trouveraient des avantages. Jusqu'ici ce progrès a été vainement réclamé; espérons mieux pour la suite !

De nombreux troupeaux de taureaux sauvages trouvent aussi à pâturer dans les plaines de la Camargue; ils donnent lieu à une solennité qui s'appelle *Ferrade,* et qui attire beaucoup de monde.

Il est d'usage, tous les trois ans, que chaque grand propriétaire fasse marquer les élèves de son troupeau qui deviennent taureaux à cet âge.

La fête est annoncée d'avance; le local indiqué, les voitures forment l'enceinte et six ou huit mille spectateurs servent de cadre à cet immense tableau. Des cavaliers exercés et montés sur de légers chevaux, détachent du troupeau quelque taureau sauvage, se placent sur ses flancs, le dirigent à l'aide de longs tridens, et le lancent malgré lui au milieu de l'enceinte. D'autres l'y attendent; des gens à pied l'excitent, le saisissent par les cornes, luttent de force et d'adresse, et, parviennent à le terrasser. De grands feux sont allumés d'avance; des marques en fer y sont constamment rouges; celui qui a vaincu la bête désigne celle à laquelle il a destiné l'honneur de la marquer. Le taureau redevient libre ensuite; il se relève, regarde autour de lui, semble honteux de sa défaite, se bat les flancs avec sa queue, et, repart ventre à terre pour retourner au pâturage, où il cherche à calmer la douleur que lui cause sa blessure. J'ai conduit des taureaux à cheval, je les ai combattus dans l'arène; le hasard m'a été propice. Les plus *lionnes* les ont marqués; j'ai reçu le baiser d'usage, et, en ma qualité d'étranger, j'ai été porté en triomphe autour de l'enceinte pour célébrer ma victoire.

J'aurais voulu pour beaucoup me dispenser de ce dernier honneur. Le chevalier de Beausset vous le redirait au besoin; il en a conservé le souvenir.

Vous pensez qu'après le récit de ce haut fait j'ai besoin de quelque repos. Tout le monde n'a pas le privilége de reprendre haleine en racontant.

LETTRE XXXIV.

En sortant d'Arles, vous pouvez voir la prise du canal de Bouc qui devra se prolonger jusqu'à Tarascon pour devenir utile, elle se trouverait en face du canal du Languedoc; vous passerez sur le pont aqueduc qui donne issue aux eaux supérieures des marais et supporte le canal de Craponne. Ensuite vient *la Crau*, cette plaine de dix-neuf lieues de surface, ne présentant, sauf quelques exceptions, aucune trace de végétation. Les eaux bienfaisantes de la Durance, venant en aide à l'industrie, en ont déjà fécondé quelques parties. Il faudrait de l'engrais et des bras pour compléter cette œuvre productive.

Les anciens nommaient *Craïg* cette contrée cailloutcuse. Il est permis de croire que la mer couvrait jadis ces parages, et que le clapotage de ses ondes les aurait nivelés en se retirant. Toute autre interprétation me semblerait fautive.

Ces cailloux, sont entourés par une herbe fine et nutritive, que les troupeaux préfèrent à tout autre pâturage lorsqu'après avoir demandé pendant l'été de la fraîcheur aux hautes montagnes dont je vous ai parlé, ils viennent s'abriter en Crau contre les rigueurs

Tour d'Entressen

de l'hiver. Au centre se trouve *Entressen*, véritable oasis dans
un pareil désert; sa tour carrée et bien intacte, ses machicoulis et
ses créneaux vous montreront un ancien fort.

Cette tour fut construite en 1300 par un seigneur des Baux,
toujours en guerre avec ses voisins pour menacer leur territoire
et pour se défendre contre leurs représailles.—Plusieurs voudraient qu'elle eût servi de prison à Jeanne, alors qu'on préparait
son jugement à Avignon; cette opinion est basée sur le nom de
Tour de la Reine Jeanne qu'on lui donne dans le pays. Je ne saurais la croire fondée. Elle domine les beaux arbres qui l'entourent, dont les troncs sont garnis de lierre et les branches enlacées
jusqu'à leur cime par des festons de vigne sauvage.

L'escalier est dans une tourelle, à chaque étage est une vaste
chambre jusqu'à la plate-forme crénelée, d'où l'on aperçoit un pays
immense. Au pied est une source intarissable, des prés, des bois,
un étang ayant une lieue de tour, des terres, des vignobles et
quelques riantes habitations, c'est un délicieux rendez-vous de
chasse, et le gibier y est abondant. Ensuite tout redevient Crau
jusqu'aux approches des villes d'Istres, Miramas et St-Chamas qui
l'entourent dans cette partie, et dont les habitans ont modifié la
nature à force de travail.

L'étang de l'Olivier précède la ville d'*Istres*, une galerie de
1,500 mètres la réunit à la mer de Berre, tantôt souterraine et
taillée dans le roc, le surplus est à ciel ouvert, et ses bords sont
couronnés par la plus puissante végétation. Cet étang, menaçait la
ville d'une complète inondation, par suite des eaux abondantes qui
s'y réunissaient, et, de l'exhaussement progressif de son sol. Le
duc de Vendôme, cédant aux instances de ses vassaux, fit ouvrir
à grands frais cette communication, qui, donnant un libre écoulement aux eaux pluviales, maintient l'étang dans un constant niveau; une jetée protège son embouchure, une bourdigue se
trouve à son extrémité, les eaux de Craponne et de Boisgelin se

précipitent des deux côtés à une grande hauteur ; la mer de Berre et ses lointains reflets, les pêcheurs qui y exercent leur industrie et les bateaux à vapeur qui le sillonnent, complètent un ravissant tableau.

L'étang de *la Valduc*, jadis asservi par la gabelle, qui, payait aux princes de Martigues le droit de l'inonder impunément pour éviter une fraude trop difficile à empêcher, représente aujourd'hui plusieurs millions de capitaux.

Rendu libre en 1789 par suite de l'abolition de cette gabelle, qui servait de prétexte à tant de plaintes, et à laquelle ont succédé de bien pires abus, cet étang, est devenu un objet de spéculation. Les fabricans échangent contre une redevance le droit de transformer en sel les eaux qui en proviennent. Les uns ont desséché des marais, quelques autres ont percé des montagnes, des pompes à feu se sont établies, des chemins de fer ont été tracés, soit, pour enlever les eaux saumâtres et les remplacer par des eaux salées, soit pour transporter les sels fabriqués au lieu de leur embarcadère.

Ces eaux répandues sur des surfaces bien nivelées, et, entourées de manière à les contenir, subissent dans ces *échauffoirs* une première évaporation ; elles sont transformées en sel cristallisé sur d'autres tables préparées de même ; l'épaisseur de leur couche varie suivant que le vent vient en aide au soleil pour favoriser cette évaporation. Ensuite, on forme des gerbes, qui vont composer les camelles, grands prismes, où le sel se purge du superflu de l'eau qui y est demeurée, et il attend ainsi les besoins des consommateurs. Le minot de sel pèse 50 kil., il paie au gouvernement un impôt de 16 fr. 50 c. et s'est vendu long-temps au prix de 25 c., c'est à dire 66 fois moins que la charge imposée. La gabelle donnait-elle lieu à de semblables reproches ?

Rien n'est plus curieux à examiner que les bouleversemens de la nature dans cette contrée sauvage ; le niveau de la Valduc se trouve de 9 mètres inférieur à celui de la mer; il a 20 degrés de saunaison, tandis que celle-ci, modifiée par les eaux du Rhône, s'élève à peine à 3 degrés.

Engrenier, qui n'est séparé de la Valduc que par une langue de sable, est plus élevé de 1 mètre 50 centimètres, et n'a que 6 à 7 degrés. Tous les autres étangs sont d'eau douce.

Le canal d'Arles, nouvellement tracé, les garantit des coups de mer qui, précédemment, pouvaient les submerger; mais les berges de ce canal, en empêchant l'écoulement des eaux du Rhône lors des inondations, les expose à d'autres dangers auxquels on n'a pu remédier, tout récemment encore, qu'en y ouvrant de larges brèches.

C'est au *plan d'Aren*, sur cette langue de sable qui se trouve entre la Valduc et Engrenier, que MM. Chaptal et Berthollet ont établi la première et la plus belle fabrique de produits chimiques en France. C'est là que le jeune Berthollet voulut cesser de vivre, et qu'il s'asphyxia, dans la crainte d'être moins heureux un jour.

A présent le suicide est devenu fort à la mode. Ce fut alors un grand événement!

Je vous initierai dans ma prochaine lettre, aux mystères de cette transformation du sel en soude factice. Quand vous saurez qu'il en résulte le savon parfumé, dont vous faites usage, vous y prendrez plus d'intérêt, j'en suis certain d'avance.

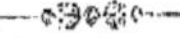

LETTRE XXXV.

La fabrique du plan d'Aren occupe nuit et jour quatre cents ouvriers, sans compter ceux employés à la fabrication du sel pendant l'été.

De vastes chambres revêtues en plomb, servent à produire l'acide sulfurique. C'était jadis un grand mystère ; mais aujourd'hui tout est connu, et, on se dispense de renouveler les ouvriers à chaque opération, ainsi que cela avait lieu précédemment dans la crainte de les instruire.

Cet acide mélangé de sel marin, produit, après avoir subi une première cuisson, le sulfate de soude employé en médecine sous le nom de *sel de Globert*. Une nouvelle opération, pour laquelle on emploie du carbonate de chaux et du charbon pilé, donne la soude brute, par l'évaporation dans diverses chaudières, et à la suite de divers lavages elle devient propre à la fabrication du savon, et, à tous les perfectionnemens que l'on est parvenu à lui donner.

Jugez des progrès d'une industrie, qui transforme le sel, en produits onctueux.

Sur le revers opposé aux étangs de la Valduc et d'Engrenier se trouve l'antique ville de *Fos*, et tout auprès, les ruines des arcades supportant la voie romaine, par laquelle on y parvenait, quand la mer recouvrait ces parages.

Nous suivrons le canal pour vous montrer *le Martigues* sous son plus bel aspect ; le port de Bouc, en face duquel se trouve le fort ; à droite la pleine mer ; à gauche les bourdigues qui précèdent l'étang de Caronte ; et à l'horizon la ville de Martigues, élégante, coquette, dominant l'étang de Berre, semblant sortir de l'eau

comme Venise, dont on lui a donné le nom, sauf ses palais, sa nombreuse population, son tribunal secret, ses plaisirs et ses jolies femmes.

Comme Venise, elle règne en souveraine sur ces eaux dont elle est entourée, qui prennent la place de ses rues, qui la divisent en trois villes bien distinctes, l'une nommée Jonquières, l'autre l'Ile et la dernière Ferrières, et dont les lointains sont variés par des villes et terminés par des montagnes.

Fondée en 939 par des pêcheurs Phocéens, leur industrie fit le salut de toutes ces contrées alors pestilentielles. Ils entreprirent de conduire les eaux de la mer dans les étangs de Caronte et de Berre, à cette époque marécageux et répandant au loin leurs miasmes méphitiques.

Ils creusèrent de larges canaux, et ce mélange d'eau salée vivifia tout ce pays depuis si productif. Ils obtinrent en échange le droit exclusif de pêcher sur ces canaux. Ouverts et recreusés pendant trois mois, ils donnent entrée à tout le poisson qui, cherchant des eaux plus douces et plus paisibles que celles de la haute mer, vient y déposer son frai. Alors les canaux se ferment à l'aide de parcs nommés bourdignes, formés de roseaux serrés les uns contre les autres, fichés dans la vase, maintenus par de forts pieux, et, formant des chambres successives, d'où le poisson ne peut plus sortir. On le prend avec des espèces de raquettes, et souvent la pêche est très abondante. Ce poisson, nourri par les herbes qui se trouvent au fond des étangs, est exquis.

Jadis la terre de Martigues était une des plus belles seigneuries de Provence. Elle avait sous sa juridiction les villes de Saint-Mittre, Istres, Miramas, Saint-Chamas, Berre, Vitrolles, Châteauneuf, etc. Les juges étaient payés par le prince ; la justice se rendait en son nom. Les rois de France prenaient le titre de vicomtes de Martigues.

Elle fut donnée à Palamède de Forbin, en récompense de ses services, puis échangée, et, érigée en principauté en 1581 en faveur du duc de Vendôme. Les lettres-patentes portaient formellement le droit de transmission du titre de prince et de tous les honneurs qui étaient attachés, en faveur des possesseurs de cette seigneurie, ainsi qu'il en a été justifié auprès de la commission du sceau de France, sous la restauration, au sujet d'un majorat que je voulais établir.

Elle a conservé jusqu'en 1789 tous les priviléges qui en résultaient. Il n'en reste plus que le titre; c'est peu de chose en comparaison.

C'est la patrie du célèbre *Gérard de Tenque*, fondateur de l'ordre de Saint-Jean de Jérusalem.

Les Martingaux ont toujours mieux valu que leur réputation. Aussi, gardez-vous d'ajouter foi aux méchans bruits répandus sur leur compte. Après vous avoir ainsi prémunie, je vais vous en redire quelques uns.

Quand le duc de Vendôme vint se faire recevoir, cérémonie qui s'est renouvelée depuis en faveur de chaque nouveau titulaire, les consuls de Martigues furent fort embarrassés pour mettre en pratique le cérémonial prescrit en pareille circonstance. On leur disait que c'était *un duc*, un *grand duc même*, et qu'ils devaient aller en corps au devant de lui à un quart de lieue des portes de leur cité.

Après avoir long-temps délibéré, et, voulant faire les choses dignement, leur détermination fut prise et transcrite sur les registres de la ville. La harangue fut préparée, bien apprise, et le jour prescrit, les consuls précédant la population, se mirent en route de bonne heure pour se trouver exactement à leur poste.

Chemin faisant, ils avaient le soin de faire planter en terre, à chaque cent pas environ, un bâton bien doré dont nul ne pouvait deviner l'usage.

Au lieu prescrit nouveau bâton, mais bien plus orné que tous les autres, et, supportant une superbe cage.

Le duc arrive, et les consuls ne revenaient pas de leur surprise en voyant le cortége composé de plusieurs voitures. La première s'arrête ; le duc en descend, et l'orateur s'avance : « Monsieur, et le grand duc, s'il vous plaît ? — C'est moi, Messieurs, qui suis heureux de me trouver au milieu de vous. — Ah ! vous plaisantez, mais pas si bêtes, et ne croyez pas nous attraper ! Le grand duc est un oiseau, et vous n'avez rien qui y ressemble. Allons, montrez-nous le grand duc, et qu'il prenne possession de la belle cage que nous avons préparée pour lui. »

Vous jugez que les rieurs furent nombreux parmi le cortége, et les consuls fort attrapés de s'être mis en frais de cage en pure perte.

Ils avaient profité de la leçon ! Lors de la réception de votre bisaïeul et de celle de mon père, la harangue eut lieu *sans la cage*, et fut suivie, en échange de force largesses, de fêtes à l'Hôtel-de-Ville, et de réjouissances publiques dont j'ai le récit authentique.

Ils se promirent d'être plus circonspects à l'avenir. — Ils tinrent leur parole.

La population devenant plus nombreuse, ils durent agrandir leur église pour contenir tous les fidèles. La chose fut facile ; il suffisait de prolonger la nef. Mais alors, le clocher se trouvant trop petit, il fallait le reconstruire et les fonds manquaient. Le conseil fut assemblé : — Parbleu, dit l'un des notables, rien n'est plus simple ; il s'agit seulement de le faire grandir, et nous saurons bien y parvenir. Nos oliviers poussent vite en y mettant de bon fumier. Alerte, à l'œuvre, chaussons de même le clocher, et avant peu vous saurez m'en donner des nouvelles. — L'avis passa à l'unanimité. On craignait seulement de n'en pas mettre assez, et chacun criait au miracle, lorsqu'une forte pluie ayant

fait tasser le fumier, on put croire que le clocher avait déjà grandi.
—Ils n'ont tenté depuis aucun autre moyen !

Je vous le répète, Marguerite, gardez-vous bien d'y croire, sans quoi je me fâcherais sérieusement contre vous.

LETTRE XXXVI.

En suivant les bords de l'étang de Berre, vous trouverez la ville de *Miramas* perchée sur son rocher et où nous nous dispenserons de gravir pour arriver plus tôt à *Saint-Chamas*, voir les roues de sa poudrière et ses beaux moulins à farine, mis en mouvement par les eaux de la Touloubre, mêlées à celles de Craponne. Sa ville maritime réunie à sa ville citadine par le percement de ses rochers et son pont romain nommé pont *Flavien* (qui sert à franchir l'Arc avant qu'il porte ses rares eaux à l'étang de Berre), qui continuait l'ancienne voie romaine allant d'Arles à Aix par Lançon et par Pélissanne où on la retrouve parfois encore, en ayant soin de l'éviter.

Ensuite, la ville de *Berre*, ses salines et ses fabriques ;—plus loin, sous *Vitrolles*, cette langue de terre qui sépare l'étang de Berre pour former celui de Marignane, et qui, dit-on, fut construite en une nuit par les soldats de Caïus Marius, qui, pour se reposer, eurent à vaincre les Teutons et les Ambrons, dont ils se rapprochaient par singulier moyen.

Cet étang de *Marignane* est le rendez-vous de tous les chasseurs de la contrée, qui viennent à jour donné, et plusieurs fois pendant l'hiver, déclarer la guerre aux macreuses. Ce ne sont plus des Romains et des Ambrons—ce sont de joyeux viveurs et des innocens volatiles, poursuivis, resserrés par des flotilles bien commandées, qui se forment en cercle et se rapprochent en avançant vers la terre. Les macreuses, accueillies à coups de fusil, si elles approchent des bords, sont obligées de passer au dessus des bateaux où il s'en fait un véritable massacre ! — C'est un fort beau spectacle.

Le château de Marignane, jadis brillant et animé, devait son plus grand charme à Mme de Mirabeau, femme de celui qui fit tant de mal, et dont le beau talent aurait pu produire tant de bien ; qui fut sacrifié par ceux qu'il avait servis, lorsque, séduit par la voix d'un ange, il voulut tenter de l'arracher à l'abîme qu'il avait creusé sous ses pas et sous ceux de son royal époux.

Chacun sait qu'il se refusait à une séparation, qu'il devait désirer autant que sa femme. L'affaire était délicate, Portalis, son habile avocat, craignait de succomber ; il fallait trouver quelqu'avantage dans la fougue de son adversaire qui avait voulu se défendre lui-même ! — La plaidoirie du demandeur, organe de Mme de Mirabeau, fut vive, mordante, satirique. — Mirabeau écumait de rage ! Quand son tour fut venu, incapable de se maîtriser, il commença sa plaidoirie en interpellant son adversaire :

« Vil libelliste, marchand de paroles, » lui dit-il à son début, et pendant trois heures, avec cette facilité d'élocution et cet entraînement de paroles dont il a donné depuis tant de preuves, il se plut à diffamer sa femme bien plus qu'à se justifier.

C'était ce que Portalis demandait ! la séparation ne pouvait plus être douteuse. M. de Mirabeau venait, par ses offenses, de donner à sa partie adverse les armes qui lui manquaient.

Ma tâche est remplie, Marguerite, de Marignane nous revenons à Aix.

Dans cette tournée, parfois pénible, je me suis fait assez illusion pour me croire jeune et de corps et d'esprit. Je suis certain de la réalité en vous disant que je vous aime !